MARIE
DE
MÉDICIS,

HISTOIRE DU RÈGNE DE LOUIS XIII,

D'APRÈS DES MANUSCRITS INÉDITS DU CARDINAL DE RICHELIEU,
ET D'UN BÉNÉDICTIN.

1610 — 1642.

PAR LOTTIN DE LAVAL,

AUTEUR DES TRUANDS.

1

PARIS,
AMBROISE DUPONT, ÉDITEUR,
7, RUE VIVIENNE.

1834.

MARIE
DE MÉDICIS.

IMPRIMERIE DE MADAME VEUVE POUSSIN,
RUE ET HÔTEL MIGNON, 2, F. S. G.

MARIE
DE
MÉDICIS,

HISTOIRE DU RÈGNE DE LOUIS XIII,

D'APRÈS DES MANUSCRITS INÉDITS DU CARDINAL DE RICHELIEU,
ET D'UN BÉNÉDICTIN.

1610 — 1642.

PAR LOTTIN DE LAVAL,

AUTEUR DES TRUANDS, ET D'ENGUERRAND DE MARIGNY.

PARIS,
AMBROISE DUPONT, ÉDITEUR,
7, RUE VIVIENNE.
—
1834.

Au milieu des réactions littéraires, quand une nouvelle ère commence, chacun est jaloux d'apporter sa pierre pour l'édification de l'œuvre. Si humble que soit l'offrande, elle est acceptée avec joie, tant la nécessité est grande, alors qu'on s'élance dans des voies inconnues.

Walter Scott fut le premier poète qui creusa la route à la chronique imaginative. Inspiré par Froissart, cet historien qui racontait comme il avait vu; par quelques chants de troubadours et de ménestrels, et peut-être aussi par Brantôme, cet écrivain cynique et vrai, que le seizième siècle, à défaut d'autres, prit pour son Juvénal : Walter Scott choisit des époques passées, étudia les mœurs de la chevalerie, les coutumes des temps barbares ; et, secondé par une imagination merveilleuse, donna au monde, durant une période de vingt années, trente chefs-d'œuvre.

On ne peut reprocher à Scott qu'un défaut; ce fut celui qui le porta à s'éloigner de l'épopée en faussant trop l'histoire.

En faisant une étude profonde du grand homme de l'Angleterre; en fouillant dans nos plus illustres chroniqueurs, tels que Joinville, Froissart, Alain Chartier, Christine de Pisan, Enguerrand de Monstrelet, Juvénal des Ursins, le Journal de Charles VI et de Charles VII, Philippe de Comynes et Brantôme, j'ai toujours trouvé la part de l'imagination et de la poésie à côté de la part de l'histoire. M. de Chateaubriand, notre grande gloire, a fait ressortir cette vérité d'une façon admirable, dans ses études abrégées sur l'Histoire de France.

C'est cette alliance de poésie et d'histoire que j'ai rêvée; alliance qui forme en quelque sorte une épopée, puisque tout repose sur une base établie dans les temps passés.

Cette fois, c'est le tour de notre vieille histoire; elle a fourni les premières pages, semblable à ces femmes de la Savoie, qui, avant de se séparer de leurs fils, garnissent la bourse et le havre-sac, puis les baisent au front en disant: Allez, voici la première nécessité vaincue, prenez courage, travaillez et espérez en Dieu!

Ainsi, avec cette base historique, on pourra reconnaître aisément le caractère d'une époque. Il faudra bien se donner la peine d'étudier les mœurs et le génie des nations qu'on voudra peindre, et quitter la route peu sûre, suivie jusqu'alors; car il en est résulté une grande confusion dans les idées. Beaucoup de personnes, égarées par ces chronologies pleines d'erreurs, par ces faits mutilés, tronqués, par ces graves anachronismes historiques, escamotés au profit de l'ignorance ou de l'imagination, reproduisent avec assurance et bonne foi ces mêmes erreurs, soutiennent de longues discussions, de chaleureuses luttes; et j'ai vu quelquefois l'anachronisme triompher du fait réel, par cela seul que son champion avait ou de l'esprit ou de l'éloquence. — Le strass taillé sera ramassé par la foule qui poussera du pied un diamant brut. Quiconque parle avec audace, entraîne. La multitude ne raisonne pas.

J'ai voulu tenter cette réformation, non que je m'érige en fondateur de genre, comme certains qui briguent toutes sortes d'apostolats. Hélas! non. C'est avec une grande humilité que j'aborde au rivage avec mon humble nef; ma voile n'est pas orgueilleuse : seulement mes rames sont prêtes; j'ai pour moi le courage et l'espérance, et si cela vous suffit, nous voguerons ensemble.

Dans un livre précédent, j'avais esquissé ma pensée. Aujourd'hui, je l'ai jetée tout entière. Les trente années, si pleines de guerres intestines, de guerres étrangères, si favorables aux arts, à la liberté politique, si malheureuses pour l'aristocratie nobiliaire et magistrale, qui préparèrent l'absolutisme de Louis XIV, les honteuses saturnales de la Régence, et la continuelle et déshonorante orgie du règne de Louis XV, qui transmit l'échafaud à Louis XVI, et la liberté à la nation! eh bien, je les ai prises ces trente années. Marie de Médicis, Richelieu, Condé, esprit ambitieux, fils et père de héros; Sully, d'Espernon, le maréchal de Bassompierre, Luynes, Concini et la maréchale d'Ancre; Gaston d'Orléans, Louis XIII, le comte de Soissons, les Guise et les Marillac, Rubens, les duchesses d'Aiguillon d'Elbeuf et la dame du Fargis, tous ces noms ont posé.

Puis, j'ai pris les plus grandes pages de l'histoire, décidé à ne les point altérer; j'ai inventé des événemens d'imagination qui pussent se coordonner avec vraisemblance à ces pages de l'histoire ; j'ai créé des caractères en harmonie avec les mœurs de cette longue époque de crise ; et, cherchant dans les manuscrits, dans les mémoires du temps, dans les satires et les poètes, j'ai commencé mon œuvre.

Ainsi, tous les événemens importans sont authentiques. La chronologie est exacte. Une ou deux fois peut-être, je me suis permis un léger anachronisme de détails. La route que je parcourais était périlleuse ; je ne suis pas arrivé au bout sans reprendre souvent haleine. Je ressemblais à chaque halte à ces voyageurs qui, traversant les immenses déserts de l'Asie, n'osent plus quitter la source, découverte après des fatigues sans nombre, craignant que les sables n'en recèlent pas une autre. Enfin, j'ai pu terminer mon long pélerinage ; c'est vous qui le jugerez.

En fouillant dans tant de livres et de manuscrits, j'ai pu arriver à connaître le génie, le caractère de quelques-uns de mes personnages. En les voyant partis d'un point, il a fallu s'initier à leurs secrets pour bien suivre leurs traces : voilà ce que j'ai tenté ; voilà l'écueil de ce genre historique si difficile, quoi qu'on dise. L'étude des siècles passés est ardue, pénible. Et, pour animer les hommes des vieux âges, il faut de laborieuses veilles, de consciencieuses recherches ; — car le génie du célèbre statuaire de l'île de Cypre est descendu dans la tombe avec Euburnée et Paphus.

Des manuscrits précieux m'ont aidé à découvrir le caractère extraordinaire de Richelieu. Des notes marginales, écrites de la main du cardinal, peignaient à nu son âme. J'ai trouvé Richelieu tout entier dans ces notes. — L'homme d'Etat ne se drape pas dans le silence du cabinet.

C'est au savant ministre de l'instruction publique, et à M. le duc de Broglie, alors ministre des affaires étrangères, que je dois la communication des manuscrits du Cardinal.

Je suis charmé de pouvoir ici leur en témoigner toute ma reconnaissance (1).

Voilà toutes mes révélations faites; je n'ai plus rien à dire. Avec cette voie nouvelle, un grand nombre de personnes, les femmes surtout, qui ne peuvent se résoudre à lire de gros et ennuyeux volumes d'histoire, pourront en retenir les nuances générales, les faits principaux. Ce qui, parfois, n'était qu'un délassement superficiel, deviendra par-là une étude sans fatigue. C'est un hommage que je suis heureux de pouvoir leur offrir.

---

(1) Ces manuscrits, souvent très curieux, furent refusés sous la restauration à M. Petitot, à qui l'on doit la belle collection de la troisième partie des Mémoires relatifs à l'Histoire de France.

LIVRE PREMIER.

I

14 Mai 1610.

« C'estoit bien le plus grand malheur qui nous pouvoit arriver — les festes furent interrompues. Au lieu de joies et de rires dans les rues, on n'entendit plus que pleurs et grincemens de dents. Les couppe-bourses eux-mêmes qui tant se promettoient d'en coupper se tinrent cois sur les places en plourant comme gens honnestes. »

(*La Mort du bon Roy Henry*, 1610).

Les guerres civiles qu'avait enfantées la Ligue étaient anéanties ; le beau royaume de France, si long-temps la proie des fureurs théocratiques, recouvrait sa puissance et sa tranquillité ; la sévère administration de Sully acquittait les dettes de la couronne ; les huguenots et les catholiques se donnaient la main, formaient des alliances ; et le vieux peuple, perdu jusqu'alors, apparaissait sur les ruines des partis et à la suite de la chevalerie militaire de Henri IV. — La France, qui s'était endormie blessée, la tête cachée sous son manteau sanglant, sortait comme d'un long et douloureux rêve, et, secouant les traces de son deuil et de ses larmes, apparaissait pleine de joie, soutenue par la paix et l'espérance.

La maison d'Autriche, qui possédait l'Espagne, enclavait de toutes parts notre territoire. Henri IV songeait bien à l'abaisser, mais la nation était si heureuse ! Puis, la marquise de Verneuil, la comtesse de Moret, mademoiselle des Essarts, et enfin la princesse de Condé, adorables femmes de sa cour, le retenaient malgré sa volonté. Le plaisir est égoïste, et les rois songent à leur bonheur plutôt qu'à celui de leurs peuples.

La Reine, souvent délaissée par Henri IV, s'abandonnait à son caractère violent; des querelles avaient plus d'une fois troublé le *ménage royal*, disait Sully, et l'austère ministre s'était toujours chargé de la médiation. Les Espagnols, dont les créatures peuplaient la cour de France, ne négligeaient rien pour entretenir ces petites haines; ils essayaient en outre à faire renaître les vieilles dissensions entre les protestans et les catholiques, et les moines et le clergé secondaient merveilleusement leurs projets.

La mort de Jean-Guillaume, duc de la grande principauté de Clèves, de Julliers et de Berg, vint arracher Henri à sa vie insouciante et voluptueuse. Un grand nombre d'héritiers réclamant cette principauté, l'empereur d'Allemagne la mit sous le sequestre, et se l'appropria.

Les petits princes spoliés firent d'énergiques protestations; plusieurs d'entre eux implorèrent la protection du Roi de France, qui n'attendait qu'une occasion pour déclarer la guerre à l'Empereur, voulant reconquérir les provinces de Flandre et de Franche-Comté, possédées par l'Espagne, depuis Charles-Quint.

Ce fut alors qu'une armée d'élite, très nombreuse, alla prendre ses quartiers en Champagne, conduite par le maréchal de Lesdiguières, n'attendant pour partir, que l'arrivée du Roi.

Pendant ces préparatifs, Marie de Médicis, effrayée de la vie licencieuse de Henri IV, son noble époux, et poussée par Concino-Concini, marquis d'Ancre, et Éléonore Galigaï, sa femme, Italiens, qui exerçaient sur son esprit la plus grande influence; Marie, à leurs sollicitations réitérées, voulut être couronnée Reine de France, et faire son entrée triomphale dans Paris.

Henri IV n'aimait ni les fêtes, ni la dépense qu'elles nécessitaient; mais il donnait volontiers de riches apanages à ses maîtresses, ou

perdait d'énormes sommes au jeu. Il refusa long-temps d'adhérer à cette nouvelle passion de la Reine. « Toutefois, dit le maréchal de
« Bassompierre en ses Mémoires, comme il es-
« toit le meilleur mary du monde, il finit par
« y consentir, et retarda son partement pour
« l'Allemaigne jusques après qu'elle aurait fait
« son entrée. »

La cour s'en alla coucher le 12 mai à Saint-Denis, pour se préparer au sacre de la Reine, qui eut lieu le lendemain avec la plus grande magnificence qu'on puisse imaginer. Marie de Médicis revint le 14 mai à Paris, au milieu d'un cortége immense, tout heureuse, et n'ayant plus d'ambitions à satisfaire.

Le soir, comme elle devait danser un *bransle* et figurer dans un ballet qu'on faisait au Louvre, elle se retira, suivie de ses dames, pour essayer une nouvelle parure.

Henri IV monta en carrosse, et alla courir la ville; mais à peine un quart d'heure s'était-il écoulé, que sa voiture et un petit nombre de seigneurs rentrèrent sans bruit dans la cour du palais, laissant derrière eux, dans les rues Saint-Honoré et Saint-Germain-l'Auxerrois, une grande multitude de peuple qui accourait.

Plusieurs personnages de distinction se pressaient et causaient à voix basse dans une des grandes salles du Louvre; leurs visages exprimaient la tristesse et l'inquiétude; quelques-uns versaient des larmes. On entendait au loin dans Paris, un bruissement prolongé, et quelquefois, comme ces cris que pousse la populace furieuse dans les heures de crise.

Deux nouveaux seigneurs arrivèrent tout haletans. L'un était dans la vigueur de l'âge, de riches habits le vêtissaient; il était grand, bien fait, son teint blanc, ses longs cheveux blonds, et je ne sais quel air d'étrangeté répandu sur cette physionomie spirituelle, annonçaient un gentilhomme allemand. — Ce cavalier, c'était le comte de Bassompierre, colonel-général des Suisses. L'autre était plus âgé, moins grand ; il portait la *royale* et d'épaisses moustaches rouges ; il était empreint de cette aisance toute française qu'en vain on chercherait ailleurs. — C'était M. Antoine Coiffier de Ruzé, seigneur d'Effiat, maréchal de France dans des temps ultérieurs, et père de l'intéressant et infortuné Cinq-Mars.

Bassompierre écarta les gentilshommes qui affluaient sur son passage, et, soulevant la tenture de soie qui couvrait la porte, on aperçut dans le cabinet royal, sur un lit de drap d'or, un cadavre sanglant.

M. le Grand laissait retomber l'étoffe ondoyante, lorsque le duc de Guise, pâle et effaré, se précipita aussi dans l'appartement.

La foule des seigneurs augmentait à chaque instant ; les pages et les valets couraient dans les longues galeries, les dames de la cour encombraient le salon d'attente de la Reine, la place de l'église Saint-Germain se couvrait de hallebardiers, la compagnie des Suisses de Bassompierre gardait toutes les issues du Louvre ; et cela s'exécutait en silence, comme une pensée de crime au milieu de la nuit.

Le maréchal de Lavardin, et le duc d'Epernon qui venait de ranger en bataille les gardes françaises le long des cariatides, reparurent sur l'escalier. Au même instant, Bassompierre ouvrit la porte du cabinet royal, et, d'une voix altérée, il laissa tomber ces paroles :

— Le Roi vient de trépasser, messieurs ! priez pour son âme !...

La France venait de perdre Henri IV, tombé sous le poignard de Ravaillac !

Alors, cette foule de seigneurs, naguère si calme, si empressée, donna un libre essor à son impatience fougueuse ; bien des larmes feintes furent aussitôt séchées ; bien des dévouemens tout prêts s'évanouirent : la plupart se retirèrent pour aller faire leur office de courtisans près de la Reine ou de quelque autre puissance, négligeant d'aller dire une prière dans la chambre mortuaire où le grand Roi était livré au repos éternel !

« C'étoit grand'pitié, dit un contemporain, « dans ses Mémoires; on coucha son corps « sanglant sur un lit avec assez de négligence, « et il y fut exposé durant quelques heures à « qui le vouloit voir, mais regardé seulement « de ceux qui n'avoient point de grands inté- « rêts de fortune à la cour. Tous ceux qui « pouvoient y en avoir, pensèrent plus à leurs « affaires qu'à celui qui ne pouvoit désormais « rien pour eux. Ainsi il n'y eut qu'un instant « entre les adorations et l'oubli. »

Pendant cette heure funeste, la toilette de Marie de Médicis s'achevait. Elle s'était fait habiller avec une somptuosité dans laquelle toute l'élégance était déployée. Elle portait une longue robe de velours amaranthe; les larges manches, ornées de crevés de satin blanc, attachés avec de grosses perles, étaient serrées au poignet et au coude par des agrafes étincelantes de diamans; une fraise dentelée, en point d'Alençon d'un fini merveilleux, partait de son cou et de ses épaules, et se penchait d'un demi-pied en arrière. Sa couronne de Reine était posée sur une table chargée de sculptures; et, sur des coussins noirs à franges d'or, on avait mis le collier de perles envoyé de Sicile, et les autres ajustemens royaux.

Sa figure rayonnait de joie. Nous ne dirons point combien elle était belle, car qui n'est pas allé au Louvre admirer les chefs-d'œuvre de Rubens dans lesquels elle est représentée ? — Madame la princesse de Conti, la maréchale de Fervaques et Éléonore Concini ajustaient ses dernières parures, quand la foule de peuple qui avait suivi le carrosse du Roi mourant, fit entendre sous ses fenêtres de sourdes rumeurs comme on n'en n'avait point entendu depuis la Ligue.

— Appelez un page, Éléonore, dit la Reine; et qu'il aille savoir ce que tout ce bruit signifie.

Le page sortit, et se glissa dans le cabinet du Roi, où M. de Vic, conseiller d'État, reconnaissant la livrée de la Reine, l'arrêta, pour qu'il n'alarmât point Marie avant qu'elle fût préparée à un si grand malheur.

— Quel beau jour pour moi ! disait Marie de Médicis aux princesses et aux dames d'atours, émerveillées de la voir si accomplie de parure et de beauté ; jamais Reine eut-elle un pareil triomphe ! Maintenant, ce peuple qui m'appelait l'orgueilleuse Italienne verra que j'ai comme lui l'âme toute française. Ai-je été prodigue de ces sourires forcés, de ces salutations qui pèsent ! Il a dû avoir de la joie, ce peuple ! Son amour me semblait féroce..... et cependant quand j'ai vu cette foule de gentilshommes si brillans, si beaux de galanterie, j'ai eu de l'orgueil à me savoir la Reine de France.
— C'est beau de commander à une grande nation ! aussi, je veux qu'à l'avenir cette alliance soit bénie. Je veux, à force de bienfaits, que mon nom soit adoré comme celui de Henri. Les Médicis ont contracté une dette de sang avec la France ; la Saint-Barthélemy accuse encore le nom de Catherine, eh bien !

celui de Marie l'effacera ! — Oh ! je suis heureuse, mesdames; aujourd'hui, j'ai triomphé de tous mes ennemis : M. le prince de Condé dévore son insolence à Milan; la guerre civile est étouffée, un long et heureux règne se prépare..... Ce soir, madame de Conti, vous danserez le bransle avec moi.... Mais le page tarde bien à revenir !

La Reine s'approcha de la fenêtre qui donnait sur la Seine en face la tour de Nesle, et voyant une immense multitude de peuple se presser aux portes du Louvre, elle se retourna épouvantée vers les dames :

— Il se passe ici quelque chose d'extraordinaire, dit-elle; le visage de ces gens n'annonce point la joie des fêtes; sonnez un autre page, madame de Fervaques.

La maréchale obéit, et au lieu du page, ce fut Bassompierre qui demanda la permission d'être admis près de la Reine.

— Entrez, dit Marie avec force. Au nom du ciel, Bestein, qu'y a-t-il ? vos traits sont bouleversés, vos regards n'osent se fixer sur moi, vous me faites trembler, Bassompierre!...

Un long bruissement de la foule vint redoubler les angoisses de la reine.

— Le Roi! s'écria-t-elle, qu'est-il devenu? que lui est-il arrivé? parlez, monsieur de Bassompierre, je vous l'ordonne!

— Madame...

— Vous me faites mourir, Bestein! au nom de la Vierge, où est le Roi?

La voix d'un moine qui parlait à la populace, sous les fenêtres de la reine, répondit lentement pour Bassompierre :

— Le Roi est mort !...

Marie de Médicis tomba sur les coussins de velours.

— Oui, madame, reprit Bassompierre, il est mort sous le poignard d'un Feuillant !

— Jésus! dit la Reine, encore les prêtres ! et voilà toute ma gloire renversée, toutes mes joies mortes, toutes mes espérances anéanties ! — Oh ! j'étais trop heureuse depuis deux jours. Mon astrologue m'avait caché la sombrité de mon étoile. — La nuit dernière j'avais fait un songe dans lequel je voyais le ciel et Dieu !... Hélas ! mort !

— Madame, dit Bassompierre effrayé par le désespoir de la Reine, il ne faut pas que votre grande âme se laisse abattre sous le poids des douleurs. Le peuple se révolte, il faut couper la sédition dès son germe ; le peuple a besoin d'une digue puissante qui l'arrête aujourd'hui ; demain elle serait brisée. — Messieurs de Guise, d'Espernon, de Villeroy et le maréchal de Lavardin sont dans la chambre voisine attendant vos ordres.

La Reine essuya les larmes qui ruisselaient sur sa belle figure, et, se tournant vers les dames d'honneur, elle les pria de quitter son appartement.

— Restez dans ma garde-robe, mes chères amies ; il faut que je sois seule un instant avec ces messieurs; après, je vous appellerai, car l'isolement rend plus cruelles encore les heures de l'affliction.

Les quatre grands seigneurs furent introduits. Il y avait quelque chose de présomptueux dans leurs manières; on lisait sur leurs visages l'orgueil que donne une faveur insigne. Seul, Bassompierre paraissait profondément affligé de la douleur de la Reine. — C'était un de ces hommes déterminés, pleins d'honneur et de bravoure, comme chaque roi en compte deux ou trois pendant la durée de son règne.

Néanmoins ils se mirent à genoux; et le duc de Guise prenant la main de Marie, la porta à ses lèvres, en l'assurant d'une fidélité et d'un dévouement à toute épreuve. Les autres seigneurs l'imitèrent.

Alors M. de Villeroy se leva, et dit à la Reine :

— « Madame, il faut suspendre ces cris et
« ces larmes, et les réserver lorsque vous aurez

« donné la sûreté à messieurs vos enfans et à
« vous. Que M. de Bassompierre prenne ce qu'il
« pourra ramasser de tant de chevau-légers qui
« sont sous sa charge à Paris, et qu'il marche
« par la ville, apaiser le tumulte et la sédi-
« tion. Ne manquez pas à vous-même, madame,
« et à ce qui vous doit être si cher, qui sont vos
« enfans. M. le Grand demeurera auprès du
« corps du roi, et, si besoin est, auprès de
« M. le dauphin (1). »

— Il faudrait faire proclamer la Régence, observa Bassompierre en fixant ses regards sur Marie de Médicis.

— Ce conseil est celui d'un ami, répondit la Reine. Merci, Bestein; aussi bien, en ai-je les lettres que Henri m'a fait expédier croyant partir pour la guerre d'Allemagne.

Le duc de Guise et M. de Villeroy firent un mouvement brusque qui sembla prouver l'identité de leurs pensées.

---

(1) Mémoires du maréchal d'Estrées.

— Allez par la ville avec M. de Guise, Bassompierre, repartit la Reine, je me fie en votre honneur; vous resterez ici, maréchal; quant à vous, monsieur d'Espernon, vous irez au parlement représenter que Marie de Médicis a des lettres de régence.

Les seigneurs se retirèrent, et bientôt la Reine se trouva seule avec ses dames et le petit Roi, Louis XIII, que le maréchal de Lavardin était allé chercher.

La prudence, et en même temps l'énergie de Bassompierre, de Jacques Sanguin, prévôt des marchands, et de Nicolas le Jay, lieutenant civil, « homme de grand sens, dit Mézeray, et qui s'étoit acquis beaucoup de croyance parmi les bourgeois, parce qu'il avoit mis l'honneur de sa charge à bien servir le public, arrêtèrent l'effervescence populaire. Sanguin et le lieutenant civil se faisant voir par les rues, amusèrent la canaille de divers bruits, exhortèrent les bons bourgeois à la tenir en bride, ménagèrent si bien toutes choses, et donnèrent de si bons ordres ; commandant, l'un aux capitaines des quartiers, l'autre aux commissaires, archers et huissiers de se tenir prêts, que plus rien ne se remua (1). »

Les portes de la ville furent aussitôt fermées, les dizeniers et les quarteniers firent bonne contenance, et bientôt on n'entendit plus *que pleurs et lamentations publiques.*

Marie de Médicis attendait avec inquiétude le retour du duc d'Espernon, qui était allé au Parlement, quoiqu'elle eût reçu les hommages et l'obéissance de plus de trois cents seigneurs ; la nuit était venue depuis longtemps, et la Reine, en proie à des transes mortelles, résolut d'envoyer Bassompierre au-devant du maréchal. — Comme elle l'avait fait appeler, on vint lui dire que ce gentilhomme venait d'avoir querelle avec M. de Sully, au sujet des préséances de rang, et que ce der-

---

(1) Mézeray, historiographe de France.

nier s'étant contenté d'envoyer madame de Rosny à la Reine, avait jugé plus prudent de se renfermer à la Bastille...

— Le grand-maître de l'artillerie ne veut pas oublier son office de geolier, dit malignement M. de Mayenne; peut-être songe-t-il que Votre Majesté, dans ces heures de tourmente, a des factieux à mettre sous sa garde, ou peut-être a-t-il cru qu'ici sa place n'était pas marquée, en sa qualité d'huguenot et de grossier courtisan.

— Trêve à cela, monsieur de Mayenne, dit la Reine; M. de Sully a tort de froisser nos intérêts. Marie de Médicis ne sera pas vindicative comme Catherine; mais Marie saura bien faire respecter ses ordres; et les portes de la Bastille ne s'ouvriront que pour quiconque sera rebelle quand j'aurai ordonné.

Le sarcasme du duc de Mayenne fut, plus tard, cause de la disgrâce de M. de Sully. Enfin, M. d'Espernon revint au Louvre; il était accompagné par un des membres du parlement, qui remit cet arrêt à la reine-mère :

« Sur ce que le procureur-général du Roi a
« remontré à la cour, toutes les chambres d'i-
« celles assemblées, que le Roi étant présen-
« tement décédé par un très cruel, très inhu-
« main et très détestable parricide commis en
« sa personne sacrée, il étoit nécessaire de
« pourvoir aux affaires du Roi régnant et de
« son État, requéroit qu'il fût promptement
« donné ordre à ce qui concernoit son service
« et le bien de son État, qui ne pouvoit être
« régi et gouverné que par la Reine pendant le
« bas âge dudit seigneur son fils, et qu'il plût
« à ladite cour la déclarer régente, pour être
« pourvu par elle aux affaires du royaume; la
« matière mise en délibération, ladite cour a
« déclaré et déclare ladite Reine, mère du Roi,
« régente en France, pour avoir l'administra-
« tion des affaires du royaume pendant le bas
« âge dudit seigneur son fils, avec toute puis-

« sance et autorité. Fait en parlement, le 14
« de mai 1610.

« Du Tillet (1). »

Marie ne put réprimer un brusque mouvement de joie en lisant cette pièce. Elle voyait sa puissance affermie. L'avenir s'ouvrait large devant elle; désormais, tout plierait sous son autorité, — elle était Régente de France !

---

(1) Extrait des registres du parlement.
Mémoires de Phelipeaux de Pontchartrain, secrétaire des commandemens de Marie de Médicis.

II

Le Convoi de Henri IV.

> Le deuil était si étincelant de luxe qu'on aurait dit une fête.
> *La Marquise de Marny.*
>
> La foule au seuil du temple en priant est venue :
> Mères, enfans, vieillards, gémissent réunis ;
> Et l'airain qu'on balance, ébranle dans la nue
> Les hauts clochers de Saint-Denis.
> Victor Hugo, *les Funérailles.*

Le peuple de Paris n'avait pas une douleur simulée. Excepté quelques vieux ligueurs du parti extrême des Seize, ouvriers, indigens, marchands, bourgeois, tous étaient dans une affliction profonde. Aussi voulut-on, par des funérailles magnifiques, montrer tout l'amour qu'on avait eu pour le grand Roi.

Le cercueil fut posé sur le lit mortuaire. Il resta *dix-huit jours* dans la chambre du Louvre, tendue avec les plus riches tapisseries de la couronne : il était couvert d'un grand drap d'or, sur lequel on avait jeté avec art une croix de toile d'argent. Un magnifique dais de drap d'or surmontait le cercueil. Aux deux côtés étaient placés deux autels ; dix autres avaient été disposés dans la grande galerie, et chaque jour, les évêques et les curés des paroisses y chantaient six grand'messes et cent messes basses. Des estrades couvertes de drap d'or avaient été disposées pour MM. les cardinaux et prélats; aux pieds, étaient des coussins en velours noir, destinés aux princes et à quelques grands seigneurs. La croix d'or et le bénitier d'argent étaient là sur une table sculptée. Aux extrémités, étaient les cierges ; et tout près, les deux rois d'armes, en costume splendide, appuyés sur la garde de leurs épées, en face le bénitier commun.

Alors, eut lieu une des plus belles et des plus touchantes cérémonies que nous aurons à décrire dans le cours de cet ouvrage.

Quelques prélats murmuraient à mi-voix des prières, lorsqu'un bruit lointain, semblable à ces rumeurs sourdes qui naissent de la marche d'une multitude silencieuse, vint les arracher un instant à leur psalmodie : c'était le jeune Roi qui arrivait.

Le comte de Saint-Paul le reçut sous le portique de la grand'salle. Louis XIII était vêtu de son manteau de deuil en velours violet; il avait le pourpoint en soie foncée, avec deux seuls crevés de satin blanc, et le chaperon en forme. Les princes qui formaient sa suite étaient couverts de leurs riches manteaux de grand deuil, tous en velours noir. Les ducs d'Orléans et d'Anjou, frères du Roi, marchaient à ses côtés; après eux, venaient immédiatement les cardinaux de Joyeuse et de

Sourdis. M. le prince de Conti, le comte de Soissons, le duc de Guise, le prince de Joinville et le duc d'Elbeuf portaient *les queues du manteau royal*. Les prélats qui assistaient à la cérémonie avaient la mitre en tête, et s'appuyaient sur l'épiscopale crosse d'or. La suite des princes, composée d'un grand nombre de gentilshommes, se pressait, curieuse et attristée, sous le grand portique de la salle.

C'était un coup d'œil vraiment magique à voir que cette foule de princes, de cardinaux, d'évêques et de seigneurs, tout couverts de soie, de velours, d'argent et d'or,—au milieu de cette vaste pièce, dont les murailles étaient parées de tapisseries et d'écussons fleurdelisés aux armes de France et de Navarre,— en face d'un cadavre reposant sous le mausolée !

Les rois d'armes se disposaient à présenter l'aspersoir au jeune Louis XIII, afin qu'il donnât de l'eau bénite au corps de son père, quand un murmure, ou plutôt un refoulement des seigneurs, vint arrêter la pensée des rois d'armes.

Plusieurs dames, en robes noires, parurent sous le portique; puis, Marie de Médicis, vêtue de velours violet, avec une fraise blanche, la tête découverte, et sans aucun ornement, s'avança, chancelante et affligée, jusqu'au pied du catafalque.

— Priez avec moi, mon fils, dit-elle à Louis; c'est là que repose votre bonheur, le mien, et la gloire de la France. Plaise à Dieu, mon enfant bien-aimé, qu'ici toutes nos espérances ne soient point mortes. Quand le malheur a une fois franchi le seuil d'un palais, il est rare qu'il s'arrête sous le propylée. Le grand arbre est tombé... les rejetons sont faibles. Approchez aussi, mes autres bien-aimés, et, comme nous, priez Dieu sur le corps de votre auguste père.

Les deux jeunes ducs d'Anjou et d'Orléans

quittèrent la queue du long manteau royal, et vinrent se placer à côté de leur mère.

Puis, tous les quatre ils prièrent.

Il y avait quelque chose de grand et de sublime dans cette pensée de Marie de Médicis, qui groupait autour d'elle ses trois jeunes fils, et les faisait honorer les restes de Henri IV, leur père. Après ce mutisme solennel, la Reine s'approcha de Louis, et, prenant l'aspergillum, elle lui dit d'une voix vibrante à l'âme, mais qui ne put être entendue que de lui seul :

— Vous voyez, mon fils, cette foule de gentilshommes dont les yeux sont humides de larmes parce qu'ils nous voient en pleurs, eh bien ! la plus grande partie songe à vous dépouiller de votre royauté pour en orner la tête d'un bâtard de la couronne ! Vous n'avez de meilleur appui que votre mère, Louis; jurez-lui donc, sur le corps de Henri-le-Grand, de la laisser tenir entièrement le sceptre jusqu'à ce que l'âge d'homme vous soit venu !

Le petit Roi regarda avec amour la tête imposante de Marie de Médicis; puis, étendant sa main droite vers le catafalque, il dit à voix haute :

— Je lé jure, ma mère !

La Reine alors fixa ses yeux avec un dédain amer sur quelques seigneurs de ses ennemis, et jetant l'eau bénite sur la froide dépouille du grand prince, elle se retira.

Les courtisans se regardèrent l'un l'autre avec curiosité; mais comme aucune âme étrangère n'avait entendu les paroles de Marie, ils ne purent que se livrer à de fausses conjectures.

Alors, on s'occupa des funérailles de Henri IV. Le caveau de Saint-Denis fut disposé, et les grands dignitaires firent tout préparer pour cette translation solennelle.

M. de Rhodes, grand-maître des cérémonies, suivi des vingt-quatre crieurs-jurés de Paris, s'en alla aux cours du Parlement et des aides, puis à la chambre des comptes, pour avertir les magistrats afin qu'ils se préparassent en corps à assister au convoi du Roi. De là, les crieurs entrèrent dans la grand'-salle, prirent place autour de la table de marbre, en présence d'une multitude infinie de nobles, de bourgeois et de peuple; et, cessant tout à coup d'agiter leurs clochettes, un d'entre eux s'écria à haute voix :

— « Nobles et déuotes personnes, priez Dieu pour l'âme de trèz haut, trèz puissant et trèz excellent prince Henry le Grand, par la grâce de Dieu, Roi de France et de Nauarre, trèz chrestien, trèz auguste, trèz victorieux, incomparable en magnanimité et clémence, lequel est trespassé en son palais du Louvre : priéz Dieu qu'il en ait son âme. Mardy à deux heures après midi, sera levé le corps de sa Majesté pour estre porté en l'Eglise de Paris, auquel lieu ce mesme jour se diront Vespres et Vigiles des Morts, et le lendemain matin ses services et prières accoutumées pour à la fin d'icelles estre porté en l'Eglise St.-Denis, sépulture des Roys de France et y estre inhumé. Priez Dieu qu'il en ait l'âme (1). »

Le mardi arriva, et jamais jusqu'alors on n'avait vu pompe funèbre aussi extraordinaire. C'était un tableau digne du génie de Rubens et de la belle imagination de Paul Véronèse.

D'abord, les compagnies d'archers de la ville de Paris, ayant leurs hoquetons, portant chacun une torche et les armoiries de la ville, sortirent du Louvre, et formèrent la haie le long des quais, du pont Neuf et des rues, tendues de drap noir; puis, lorsque l'horloge du Louvre eut sonné deux heures, le convoi se mit en marche.

A la tête, on remarquait les ordres religieux des Récollets, les Capucins, les capettes de Montaigu, les réformés de Picpus, les Minimes, les Augustins, les Jacobins, les Cordeliers et les Feuillans; puis venaient les cinq cents pauvres vêtus de robes de deuil, cha-

---

(1) Mercure françois. Histoire de la Régence de la Royne.

peron en tête et une torche à la main; les soldats invalides, le chevalier du guet et ses archers, dont l'étendard traînait à terre; les sergens à verge du Châtelet, les sergens de la douzaine et les commissaires du Châtelet.

Un grand officier à cheval venait à la suite des scribes du Palais; il portait à la main un bâton couvert de velours blanc. — C'était le bonhomme Jacques Sanguin, prévôt des marchands.

Les *trente-six* paroisses de Paris avec leur *cinq cents prêtres,* couverts de chapes brodées d'argent; les filles de Notre-Dame de Saint-Etienne-des-Grès et de Sainte-Opportune; puis les chanoines et les chantres de la cathédrale formaient la première partie du convoi, et avaient seuls le droit de plain-chant par les rues de la ville.

Puis, c'était l'Université avec ses docteurs; puis les écoles de droit et de médecine, puis les musiciens de la chapelle du roi.

Enfin, la noblesse arriva.

— On vit les pages ;

— Les cavalcadours ;

— Les hauts-bois et les trompettes portant leurs instrumens baissés et couverts de crêpe noir ;

— Messieurs de Créqui, de la Curée et les capitaines des chevau-légers ;

— Le grand prévôt de l'hôtel, avec ses hallebardiers portant la casaque rouge sur la robe de deuil ;

— Les cent-suisses avec leurs enseignes à demi déployées ;

— Les quatre grandes cours du royaume ;

— Le sire de Rhodes à cheval, portant un guidon de velours violet, parsemé de fleurs de lis d'or, et suivi des douze sommeliers d'armes, fermait la seconde partie du cortége.

Ce fut alors qu'on vit s'avancer lentement le chariot d'armes du feu Roi. Le cercueil était couvert de velours noir croisé de satin blanc ; vingt-quatre écussons armoriés *France et Navarre*, en broderie d'or, le drapaient avec élégance et richesse. Le char était traîné par six chevaux ornés du grand caparaçon royal en velours noir à lames d'argent.

Autour du chariot étaient les cent gentilshommes et les gardes écossaises ;

— Puis MM. de Praslin, de Montespan et de Vitry ;

— Les écuyers de la couronne ;

— Benjamin portait les éperons d'or ;

— De Bezevé, les gantelets d'acier ;

— De Pluvinel, l'écu du Roi ;

— Le vicomte de l'Isle-Adam, la cotte d'armes ;

— Et le sieur de Liancourt, le Heaume royal, *timbré à la royale d'un mantelet de velours violet cramoisi, semé de fleurs de lis d'or, et paré d'hermines* (1) ;

---

(1) Je crois faire plaisir à quelques-uns de mes lecteurs, en donnant ici les attributs d'honneur des rois à cette époque :

La Bannière de France.	Les Eperons d'or.
La Main de Justice.	Les Gantelets.
Le Sceptre royal.	L'Ecu du Roi.
La Couronne royale.	L'Epée royale.

Les aumoniers, les confesseurs, les archevêques suivaient ; derrière eux, tout près du char, venaient les ambassadeurs de Venise, d'Espagne et de Savoie, à cheval, conduits par trois évêques montés sur des mules superbes ;

— Puis venaient les cardinaux avec leurs robes rouges ;

— Le cheval d'honneur caparaçonné en violet azuré semé de fleurs de lis d'or ;

— La litière avec l'effigie royale, portée à bras, entourée des six présidens, Potier, Forget, de Thou, Séguier, Molé et Camus, vêtus de robes rouges et de leurs manteaux garnis d'hermines, et mortiers en tête ;

Et les cinq princes de Conti, de Soissons, de Guise, de Joinville et d'Elbœuf, à cheval, suivis des ducs d'Espernon, de Montbazon et

---

Le Pennon du Roi.
Le Heaume timbré à la royale.
La Cuirasse.
Les quatre Enseignes des Gardes-du-Corps.
L'Enseigne des Suisses.

Les deux Enseignes des cent Gentilshommes.
Les Cottes d'Armes des Hérauts.
Les Bâtons des Maîtres d'Hôtel et celui du Grand-Maître.

des neuf grands chevaliers du Saint-Esprit, avec plus de cent autres gentilshommes, fermaient la marche du convoi.

C'est ainsi qu'il fit son entrée dans Notre-Dame.

Peu à peu, la place du Parvis se dépeupla de nobles et de clergé; il n'y resta que les écuyers et de la populace; chacun voulait assister à la plus grande cérémonie du monde chrétien.

Une foule immense se pressait sous les arceaux gothiques et dans la nef de Notre-Dame; on se coudoyait, on s'étouffait. L'aspect du lieu était capable d'effrayer l'âme la plus forte. Trois mille seigneurs et un grand nombre de dames, la plupart vêtus de deuil, leurs pages et leurs écuyers mêlaient leurs voix aux répons tristes et solennels des chanoines de la cathédrale. Le peuple était refoulé dans la partie basse, faisant entendre de sourds gémissemens de douleur. Les évêques des diocèses voisins, et les archevêques, couverts de leurs riches vêtemens de velours et de toile d'argent, portaient en main un luminaire de cire parfumée. La myrrhe d'Orient, l'aloès brûlaient dans des cassollettes d'or, et la fumée bleue et diaphane qui s'en exhalait, s'élançait aux voûtes en ondulations légères et capricieuses ; puis, ces sortes de tourbillons s'évaouissaient et rappelaient à l'âme de chaque assistant l'image de Henri, qui s'était évanouie comme eux...

L'archevêque de Gondy avait célébré la messe ; M. l'évêque D'Aire dit l'oraison funèbre et prononça le dernier verset du deuil. Alors, tandis qu'on s'apprêtait à enlever le corps du Roi défunt, pour le transporter à Saint-Denis, le mouvement du départ imprima à la multitude un refoulement qui se fit sentir depuis le chœur jusqu'à l'extrémité des arceaux.

— *Per dio!* dit à mi-voix l'un des seigneurs en s'adressant à un jeune homme doué d'une figure pleine de finesse et de charmes, mais dont le deuil était fort modeste, vous pourriez bien rester derrière les piliers, *moussour*. *Veramente !* tu serais mieux à tenir la laisse du lévrier d'une dame, qu'à vouloir ici prendre le pas sur des seigneurs.

Et l'Italien, voulant sans doute que l'écuyer obéît, lui serra le bras avec force et le repoussa de l'autre côté du pilier.

— *Per dio !* savez-vous, *moussour* d'Estrées à qui est ce coquin ? Zamais mendiant de notre Italie n'a été si importun. *Veramente !* si l'on n'était dans une église, et que ce fût un zour moins malheureux, ze lui casserais la tête avec une mousquetade.

— Vous êtes un insolent, marquis d'Ancre, répliqua l'écuyer, je sais que vous autres Italiens, âmes damnées de la Reine, vous n'épargnez ni la balle ni le poison ; mais prenez garde que l'on ne vous paie avec usure quand l'heure des représailles sonnera !

Le marquis d'Ancre en entendant ces paroles sinistres, proférées par un jeune écuyer subalterne, sentit tout son sang refluer vers son visage; il porta la main à son épée, mais le cortége qui se remettait en marche, lui fit perdre de vue le jeune imprudent.

Cet imprudent, c'était Luynes, *domestique du comte de Lude, en qualité de simple gentilhomme*, qui venait assister à la cérémonie, pour grossir, comme tant d'autres, le cortége de son seigneur. — Les Mémoires du temps disent qu'alors Luynes était si pauvre, qu'il n'avait qu'un manteau pour lui et ses deux frères Cadenet et Brantes, et qu'ils étaient obligés de garder la chambre quand l'un d'eux le portait.

Sous le portail de Notre-Dame, Luynes rencontra son frère de Brantes, qui arrivait, vêtu d'un manteau noir qu'il venait de louer au Châtelet. Brantes fut frappé de l'altération des traits de son frère.

— Qu'avez-vous, Luynes? vous tremblez!....
Le chagrin qu'on doit ressentir de la mort

d'un Roi n'est pas capable de provoquer tant d'agitation ; auriez-vous été insulté, mon frère ?

Les lèvres minces du jeune homme devinrent très pâles ; il étendit son bras du côté de la nef où se tenaient les plus grands seigneurs, et dit à Brantes :

— L'insulte est venue de là ; c'est un misérable Italien, ce Concini, que le hasard a fait marquis d'Ancre ! Mais n'épousez point ma querelle, frère. Un juif de Gênes m'a prédit que mon étoile serait haute un jour ; la mort de Henri IV accrédite ses pronostics, car monseigneur le comte m'a promis de m'attacher prochainement au service du jeune Roi en qualité de fauconnier.

— Quel rapport cela a-t-il avec votre querelle ? dit de Brantes.

— Cette charge me permettra de voir Louis XIII tous les jours ; cela pourra mettre mon esprit en relief, et alors je me joindrai aux ennemis du Concine. Le faucon aime le sang, et tu ignores donc que la livrée du marquis d'Ancre est rouge zinzolin. — C'est la couleur du sang, Brantes, et le faucon se vengera !

En ce moment, le cortége s'avança vers le parvis. C'était le second jour de la cérémonie ; la foule accompagna le cercueil jusqu'à Saint-Lazare. Puis, le clergé s'arrêta, et revint à Paris. Mais la multitude des grands seigneurs qui étaient à pied fit une courte pause pour se rassembler ; après quoi, tous montèrent à cheval ou dans les carrosses qu'on avait amenés, et se rendirent à *la Croix-qui-Penche*. Là, le grand-prieur et les religieux de Saint-Denis, vêtus de chapes de deuil, reçurent le corps des mains de Henri de Gondy, évêque de Paris ; et le lendemain, premier jour de juillet, le cardinal-duc de Joyeuse célébra la messe solennelle, puis fit l'inhumation d'un des plus grands et des meilleurs rois que la France ait eus.

Quelque temps après cette cérémonie, la

cour étant allée à la chasse dans la forêt de Saint-Germain, Luynes prit un faisan d'une extrême beauté, qu'il offrit à Marie de Médicis. — Il était déjà fauconnier de Louis XIII !

III

Les Intrigues de Courtisans.

> Celui qui ne sait pas faire la révérence, ôter son chapeau, baiser sa main, et dire des riens, n'a ni jambes, ni mains, ni bouche, ni tête ; et ma foi, cet homme, à dire vrai, n'était pas fait pour la cour.
>
> (Shakspeare, *Tout est bien qui finit bien.*)

Marie de Médicis tenait toujours les rênes de l'Etat d'une main vigoureuse et hardie ; la nécessité avait enfanté son grand caractère. Elle n'ignorait pas néanmoins qu'une trop rigoureuse fermeté apporte avec elle des germes de discorde; elle appela la clémence à son secours. Les princes du sang que Henri IV avait éloignés de la cour y furent rappelés. Le prince de Condé arriva à Paris ; et lorsqu'il vint au Louvre saluer la Reine, il était accompagné de plus de *quinze cents gentilshommes* : c'était pour lui une flatteuse escorte ; — pour la Reine-mère et ses favoris, ce furent des présages de terreur; car, outre la noblesse, M. *le Prince* avait aussi le peuple pour lui.

Le comte de Soissons, le duc du Maine, MM. de Bouillon et de Longueville imitèrent le chef de la famille.

A peine ces seigneurs furent-ils de retour, qu'ils formèrent de nouvelles cabales, et cherchèrent à rallier autour de leur bannière les divers partis des mécontens qui commençaient à surgir.

Les choses en étaient là. Un soir, plusieurs seigneurs se promenaient dans la grande salle, qu'on nommait l'antichambre de la reine; leur conversation était futile, — c'était le duel du jeune de Montcarré avec le capitaine des gardes, un rien : Montcarré n'avait reçu que deux coups d'épée au bras, le capitaine était estropié pour ses vieux jours.

Deux nouveaux personnages qui arrivèrent au même instant firent cesser les anecdotes; les gentilshommes gardèrent le silence, tandis que les nouveaux venus se promenèrent dans la salle, sans faire attention si d'autres personnes ne s'y trouvaient pas. L'un d'eux était maigre; sa taille élevée, ses longs cheveux qui commençaient à grisonner, ses yeux où le doute se peignait, et ses lèvres serrées, annonçaient un homme fin et dissimulé; tout en lui accusait le courtisan : ses manières hautaines, l'affectation de son sourire, et je ne sais quelle mollesse efféminée, rappelaient la cour énervée de Henri III, — ce seigneur en avait été l'Adonis, — c'était le duc d'Espernon.

Son compagnon différait de lui en tout point.

Quoique jeune et bien fait, il n'avait aucune afféterie dans les manières; sa figure était pleine d'agrémens et son nez camus lui donnait une expression très spirituelle; — mais il n'y avait en lui rien de cette rudesse qui caractérisait les anciens princes Lorrains : c'était pourtant le duc de Guise. — Aussi Bassompierre disait-il quelquefois en riant :

— Le *nez* de Saint-Mesgrin a passé par-là ! Il faisait alors allusion aux amours de la duchesse et du beau mignon que le duc de Guise fit assassiner.

Un troisième seigneur arriva ; — c'était un roué de cour, vif, spirituel, galant; un pourpoint brun tailladé dessinait sa taille avantageuse, et le manteau bleu brodé d'or complétait l'ajustement de M. de Bellegarde, grand-écuyer de France.

— J'apporte d'excellentes nouvelles, messieurs, dit-il en s'approchant des ducs de Guise et d'Espernon; j'ai rencontré Bassompierre à la porte du président Jeannin; le vieux Sully va être disgracié.

— Il ne l'est pas encore ! répliqua le duc de Guise.

— Non, sans doute ! ajouta le duc d'Espernon; le vieux chien de huguenot tient dans sa Bastille comme la tortue dans son écaille, et la Reine-Régente n'a pas oublié les sages conseils qu'il lui donnait dans les intrigues amoureuses du feu Roi.

— Eh bien ! elle a cependant tout oublié, dit Bellegarde, car demain elle signe.

— Je le croirai demain, reprit M. de Guise.

— Je vous dis, s'écria Bellegarde, que tout est fini; les présidens de Thou, Châteauneuf et Jeannin sont nommés directeurs des finances. On parle même de forcer Rosny à se démettre de sa charge de grand-maître de l'artillerie. Je ne sais si cette dernière défaveur sera facile à obtenir; le parti protestant, dont je le crois pape, lui soufflera tant d'avis, de prières et même de menaces, qu'il faudra peut-être en venir aux *pistoletades*, et *pétrarder* pour le jeter hors de son Arsenal.

— Vous comptez trop sur les huguenots, monsieur de Bellegarde, repartit le duc de Guise. Quoique je n'ignore pas ce que peuvent les forces rassemblées de M. de Rohan, gendre du vieux Sully, et les sourdes menées du duc de Bouillon en Picardie, il n'y a point à s'alarmer. — On se réunira pour cette fois, s'il le faut, à la cause royale; et quand nous les aurons écrasés, chacun reprendra sa bannière.

— C'est parler en prince de Lorraine, s'écria le duc d'Espernon; oui, réunissons-nous pour écraser ces puritains entêtés; qu'ils viennent chercher leur *liberté de conscience* à la pointe de nos épées, s'ils ont du courage! et quand nous la leur aurons attachée à la tête ou à la poitrine, eh bien, nous demanderons des concessions à la Régente!

— Et qui vous assure, messieurs, dit de Bellegarde en les entraînant à l'extrémité de l'appartement, dans l'embrasure d'une fenêtre, qui vous assure que Marie de Médicis ne fera pas un trophée de nos gonfanons quand nos bras unis l'auront rendue victorieuse ? Croyez-vous que la canaille insolente qui l'entoure n'emploiera pas tout ce que Florence a mis d'astuce dans son cœur et dans sa tête ? Cet arrogant clerc de tabellion que le hasard a fait marquis d'Ancre, et Léonora Dori, sa femme, une servante d'hôtellerie qui aspire au titre de duchesse ! Croyez-vous que ces ambitieux parvenus qui gouvernent la Reine-mère ne l'engageront pas à frapper la grande noblesse de France au cœur, pour frapper plus tard à la tête !..... Ne nous aveuglons point, messieurs, les temps viennent où il ne fera guère bon marcher seul et sans cuirasse ; les pourpoints de velours seront trop légers, et les juifs de Venise vendront leurs poisons au prix des diamans et des pierres précieuses !

— Vous avez peur, Bellegarde, dit le duc de Guise en fronçant ses épais sourcils ; puis, vous êtes mal informé : depuis trois jours, la Reine n'a pas voulu recevoir son premier ministre Concini.

Bellegarde et d'Espernon cherchèrent à deviner ce qui se passait au fond du cœur de M. de Guise ; le prince Lorrain demeura impassible.

Il reprit :

— Le marquis d'Ancre est disgracié. La marquise, depuis trois jours, a vainement imploré un entretien secret avec la Reine. Madame de Conti, que la faveur de cette Galigaï importune depuis trop long-temps, ne quitte l'appartement de Marie de Médicis qu'après toutes les dames, sans même en excepter la belle et intéressante comtesse du Fargis, qui nous est toute dévouée ; et si deux jours passent encore dans une pareille froideur, Concini et Léonora sont perdus. Aussi, nous n'avons qu'un désir à former : c'est que la Galigaï ne puisse entretenir la Reine.

— Je puis tout empêcher, dit vivement

d'Espernon ; mais il y va de leur tête.....

Guise et Bellegarde se regardèrent sans interrompre le duc.

— Après tout, reprit-il, que nous importe la vie de pareilles gens ! Depuis la mort du Roi, la France a trop souffert de leurs dilapidations. Outre les seigneurs du parti des princes, et quelques-uns attachés au jeune Roi, le peuple n'a pas vu sans colère cette immense fortune amassée à force de rapines ; eh bien ! le peuple n'attend que le brandon pour tout enflammer !

— Je ne vous comprends pas, monsieur, dit le duc de Guise d'une voix sévère.

— Dans deux heures, monsieur, reprit d'Espernon, je vous jure sur ma tête que Paris sera en sédition ; et, avant qu'on ait pu porter aucun secours, l'hôtel du marquis sera devenu la proie des flammes.

— C'est un affreux moyen ! s'écria le duc de Guise, qu'une chose aussi atroce révoltait ; je veux l'attaquer en loyal adversaire, par des moyens dignes de ceux qu'a toujours employés la maison de Lorraine, et non en lâche ennemi qui tremble. Je me sépare de votre cause, monsieur d'Espernon.

— Le succès en est infaillible, monseigneur, reprit le duc un peu confus; tandis que le Concini se portera sur les lieux pour faire tête à l'orage, il ne songera pas à importuner la Reine-mère, et demain M. le Prince n'aura qu'à parler au Roi pour le déterminer à signer l'exil des d'Ancre, si on ne veut pas mieux !

En ce moment, un page aux couleurs zinzolin rouge sortit de l'appartement de la Reine Marie. Il traversa rapidement l'antichambre, et, quelques instants après, le galop d'un cheval retentit sous les fenêtres du Louvre.

Bellegarde se pencha, et dit à ses amis :

— Ce page est celui de la marquise d'Ancre; il doit être chargé de quelque nouvelle importante : il conduit son cheval avec la rapidité de l'éclair.

— C'est son ordre d'exil qu'il lui porte, dit

M. de Guise avec calme; tant mieux, car j'aperçois une troupe de hallebardiers suisses qui se dirigent vers son hôtel : ce petit Luynes, qui se croit déjà le favori du jeune Roi, a peut-être obtenu l'ordre de le faire arrêter.....

La faveur d'Albert de Luynes était venue comme le souffle des tempêtes; ce fut comme l'intervalle du crépuscule au lever du soleil.

— Je veux voir la contenance de ce *garde-notes* au milieu des hallebardiers, dit d'Espernon.

— Descendons sur l'escalier, ajouta Bellegarde; il sera forcé de s'humilier davantage, — ses gardes nous donneront le *salut à la lance*.

Le duc de Guise passa ses doigts dans sa barbe avec colère, et leur dit d'une voix sombre :

— Messieurs, l'insulte au malheur est quelquefois une lâcheté !

Aucun d'eux ne répondit.

Bassompierre, le maréchal de Lesdiguières et le jeune de Beaumesnil arrêtèrent en entrant les deux autres seigneurs; et comme Bassompierre avait toujours le nez au vent, et savait toutes les intrigues amoureuses et politiques, on se pressa autour de lui afin qu'il donnât son avis sur la disgrâce du marquis d'Ancre, — peut-être aussi, pour obtenir quelques révélations de Marie de Médicis, dont il avait la confiance.

La Reine était depuis l'après-dîné dans son cabinet de travail, occupée à prévenir les événemens désastreux qui menaçaient la France. Le grand caractère de Marie semblait prendre un nouvel essor à la vue des périls les plus imminens... Une situation désespérée amène souvent avec elle le courage et la victoire. — Marie de Médicis venait d'écrire au président Jeannin ; elle lui donnait de pleins pouvoirs pour régir l'administration des finances; elle l'appelait son *ami*, son *bras et sa tête*, et jamais confiance ne fut mieux placée.

La Reine, après avoir cherché par quels moyens elle apporterait des entraves à la puissance du prince de Condé, qui devenait chaque jour de plus en plus redoutable, s'aperçut combien un conseil habile lui serait nécessaire. Elle sonna, et mesdames de Conti, du Fargis, et la maréchale de Fervaques vinrent lui présenter leurs hommages.

Marie suivit des yeux la tapisserie qui retombait; ses traits exprimèrent une impatience colère, et d'une voix sèche, elle invita les dames à s'asseoir.

— Les princes conspirent toujours, s'écria la Reine en affectant d'arrêter ses regards sur madame de Conti ; à peine les ai-je rappelés, à peine leur ai-je rendu ma faveur, qu'ils soulèvent contre moi les seigneurs, le parlement et la populace. Que leur faut-il donc de plus ? j'épuise les finances de l'Etat en réparant leurs fortunes. Depuis deux ans, monsieur le Prince a reçu plus de neuf cent mille livres ! M. le comte de Soissons six cent mille ! MM. de Longueville, d'Espernon et de Vendôme, deux millions ! d'autres encore ont reçu des sommes énormes. Madame de Conti, MM. vos frères et beaux-frères ont tort, grand tort ; et, s'ils espèrent épuiser les finances du Roi pour se partager plus facilement son royaume, ils se trompent, madame... La Reine-mère veille sur les jours et sur la couronne de son fils... J'éventerai tous leurs complots, toutes leurs menées, qu'ils prennent garde ! car le jour viendra bientôt où il faudra craindre de se jouer de Marie de Médicis !...

La princesse de Conti, reconnaissant à ces menaces les accusations de la marquise d'Ancre, pensa plus que jamais à l'éloigner de la Reine ; elle contraignit sa colère, et garda le silence.

Marie reprit tout à coup son calme habituel, et d'une voix enjouée elle adressa la parole à madame de Conti :

— Oublions cela, ma chère amie. Mais vous donniez un ballet hier soir ; vous ne m'avez pas dit s'il était brillant ?

— J'attendais que votre Majesté m'interrogeât, répondit madame de Conti avec une froideur étudiée : pour brillant, on ne peut rien désirer de plus.

— Notre cousin de Guise y figurait-il? car il n'a pas souvent un visage de fête!

— C'est lui, madame, et monsieur le Prince mon frère, qui en ont fait les honneurs, et je vous assure qu'il eût été difficile de trouver plus de galanterie et de nobles manières.

— Toujours ces noms-là ensemble, murmura la Reine à voix basse. — Vous ne me parlez pas de Bassompierre, mon gentilhomme, ce joyeux cavalier qui a eu autant de maîtresses que j'ai de hallebardiers dans ma garde d'honneur, et qui amène la joie partout où il se trouve.

— Votre Majesté, reprit la princesse de Conti avec hésitation, ignore sans doute la querelle qui s'est élevée entre un des membres de ma famille et ce gentilhomme, et...

l'on a jugé prudent de ne pas l'inviter (1).

La Reine réprima un mouvement de colère, et dit lentement et à voix basse :

— Ils conspirent partout... au Louvre, sur les places publiques, dans leurs palais... dans l'ombre ou au milieu des fêtes... ils redoutent la présence de mes fidèles serviteurs !

La Reine releva sa belle tête imposante, et dit en souriant à madame de Conti :

— Au moins, on a parlé de ce pauvre marquis d'Ancre que je vais envoyer dans son gouvernement de Picardie.

Madame de Conti n'était pas un très habile courtisan, elle répondit avec une hauteur qu'elle croyait insultante pour le marquis.

— Je demande pardon à votre Majesté. On ne parle pas chez nous de ce qui peut offenser la Reine, ou lui être désagréable.

---

(1) Bassompierre était alors fort mal avec la princesse de Conti. Cependant, si l'on en croit plusieurs mémoires de contemporains, ils se réconcilièrent peu après, et si bien, que M. de Conti étant mort, Bassompierre épousa secrètement sa noble veuve.

— Ah! du sarcasme! du sarcasme! s'écria Marie de Médicis avec fureur. *Veramente!* je n'ignore rien, madame de Conti, c'est pour comploter plus à l'aise que vous éloignez mes amis. Eh bien, à l'avenir, je me passerai aussi d'espions, et nous verrons lesquels seront les mieux servis! — C'est du mépris pour M. d'Ancre, ces paroles que vous affectiez de rendre généreuses; mais je n'ai pas laissé la finesse à Florence, et vous savez ce qu'on dit des Médicis!

La Reine s'en alla à la fenêtre qui donnait sur la rivière, et appela du geste la comtesse du Fargis et madame de Guercheville, sa première dame d'atours :

— Il faut écrire à l'ordonnateur de mes ballets, afin de savoir pourquoi les grandes tapisseries sont retirées : la Reine veut aussi se réjouir; car il y a folie de la part d'une mère à thésauriser pour des enfans prodigues. Je veux aussi plus de luxe, plus de richesses d'apparat; il faut à la porte d'entrée une tenture de velours rouge brodé d'or. Vous écrirez, madame de Guercheville..

— Votre Majesté ignore sans doute, répondit la dame d'honneur, que les cérémonies sont dans les attributions de la marquise d'Ancre...

— C'est bien, reprit la Reine avec humeur : madame du Fargis, prenez cette pétition que voici sur la cheminée ; c'est la femme d'un pauvre gentilhomme tué dans la faction des Guise qui demande à faire entrer sa fille unique comme demoiselle d'honneur chez une dame de la cour ; d'après sa lettre, on doit déjà lui avoir écrit ; cherchez sa première pétition : on a mis au dos le nom d'une comtesse de Touraine ; je désire que la jeune fille entre à son service, on lui donnera deux cents écus pour son trousseau.

— Madame, répliqua la belle et douce comtesse, c'est la marquise d'Ancre qui possède cette lettre.

— Toujours cette femme! s'écria la Reine...

— Elle fit encore diverses questions, et à chacune d'elles, on répondit le nom de Léonora.

Marie de Médicis reconnut alors combien cette femme lui était nécessaire. Elle avait été son amie, sa compagne d'enfance; c'était le livre vivant de ses souvenirs; elle savait ses secrets les plus cachés; elle se rappela tant de titres à son affection, tant de services rendus. La Reine avait une âme bonne et aimante, elle appuya sa figure sur l'épaule de madame du Fargis :

— Hélas! pourquoi n'avez-vous la tête aussi bonne que le cœur, chère Isabelle, mais vous n'êtes qu'une femme tendre et douce; et dans ces jours de crise violente, il faut être capable de résister à la tempête. Je vous aime comme j'en aimais *une autre,* ma bonne amie; mais cette autre avait l'âme forte et puissante, et vous n'êtes qu'une femme, ma Bianca Isabella.

— Pourquoi votre Majesté éloigne-t-elle cette autre qui lui est si chère, reprit madame du Fargis; qu'importe à la Reine de France qu'une petite faction insolente désapprouve ses amitiés. — La marquise d'Ancre est votre meilleure amie; si vous saviez combien elle a de qualités, de vertus; combien elle fait d'aumônes! les pauvres de Paris la bénissent, ses gentilshommes la vénèrent, tout ce qui l'entoure est heureux, et vous écouteriez la calomnie, ce que la langue envenimée de ses ennemis peut inventer pour la noircir davantage à vos yeux; non, madame, non, soyez la Reine!...

Marie se jeta au cou de madame du Fargis en l'embrassant; ses yeux étaient mouillés de larmes.

— Oh! dis encore, Isabelle, tu m'enivres de joie! comment, Léonora est aimée, tant aimée! et par toi qui devrais être sa rivale. Oh! vous êtes deux anges!

La princesse de Conti et la maréchale de Fervaques causaient au fond de l'appartement; madame de Guercheville brodait une écharpe. Les yeux de madame de Conti étincelaient de fureur; elle suivait les mouvemens de la Reine, elle semblait vouloir deviner les paroles qui sortaient de sa bouche; puis, elle devint pâle, sa physionomie se bouleversa.

— Regardez, maréchale, s'écria-t-elle d'une voix concentrée, à l'intrigue succédera l'intrigue : nous sommes encore en disgrâce; la Reine embrasse la comtesse.

— Vous allez me servir de secrétaire, disait Marie de Médicis, je veux frapper un grand coup, il faut que tous s'humilient. Ecrivez.

Un page entra par la porte du petit escalier, et annonça madame la marquise d'Ancre.

La figure de Marie demeura impassible. Madame d'Ancre regarda avec fierté la princesse de Conti et la maréchale de Fervaques, puis elle vint saluer la Reine. A voir son teint luisant et pâle, ses yeux noirs devenus ternes, sa physionomie si italienne, exprimant le découragement, on pressentait les souffrances auxquelles son âme était en proie. Ce n'était plus cette femme impérieuse et fière qui, de concert avec Marie de Médicis, gouvernait la France. Ce n'était plus le ministre d'état, caché sous la robe de velours et de soie, c'était une pauvre femme humiliée, venant solliciter son pardon.

Une larme effleura les cils de la Reine.

— Je viens, dit la marquise d'Ancre d'une voix altérée, en se jetant aux pieds de Marie, je viens prendre congé de votre majesté, et lui demander de nouveaux ordres...

— Des ordres à toi, Léonora, s'écria la Reine en la relevant; suis-moi dans mon appartement. Mesdames, restez ici à m'attendre.

La Reine sortit avec la marquise d'Ancre, tandis que la princesse de Conti, en proie à une fureur inquiète, écrivit ces lignes à son mari :

— « La Galigaï vient d'obtenir une entre-
« vue secrète avec la Régente. Si Concini n'est
« pas ruiné ce soir dans l'esprit du Roi, c'est
« fait de nous. — Allez, sans perdre une mi-

« nute, trouver monsieur le Prince; il faut
« interrompre leur entretien. »

Un quart d'heure s'était à peine écoulé depuis l'envoi de ce message, que les deux princes tenaient un conciliabule secret avec M. de Luynes, le nouveau favori.

IV

Une Reine, une Favorite et un Astrologue.

> Approchez, voilà des merveilles,
> Je montre esprits, anges, démons,
> Sans boucher vos longues oreilles
> Pouvez bien ouïr leurs sermons.
> Je sais opérer des prodiges
> Plus qu'aucun prêtre du vrai Dieu.
> Et pour mes étonnans prestiges
> Je ne veux qu'un souper au coin de votre feu.
> (*Le Magicien à l'Auberge.*)

L'appartement dans lequel Marie de Médicis entraîna madame d'Ancre était son cabinet de repos ; de magnifiques tentures de Damas rouge à larges dessins en relief couvraient toutes les parois des murs, et formaient, à dix pieds du sol, une voûte élégante où l'on voyait brodées, avec une rare perfection, les armes des Médicis, si remarquables par leur *Gonfanon de gueulles contr'écartelé, semé de France avec cinq tourteaux*.

Du zénith de la voûte de soie tombait, soutenue par des chaînes, une lampe d'argent, ciselée par Benvenuto Cellini; une table sculptée supportait deux sphères et divers ustensiles d'astronomie; puis un lit très bas, garni de coussins de velours noir, brodé de fleur de lis d'or, complétait l'ameublement.

— Viens t'asseoir près de moi, Léonora, dit la Reine à sa compagne; quand on se dit adieu, il ne faut pas que l'inimitié règne.

— Ou alors, répondit la marquise, l'inimitié serait tout entière du côté de votre Majesté, car il ne doit y avoir dans le cœur d'une sujette que de l'amour pour sa souveraine.

— Il ne doit y avoir, c'est vrai, dit Marie

avec un soupir douloureux; mais, hélas! bien souvent il n'y a que de la haine.

— Je ne sais si c'est à moi que votre Majesté adresse ce doute si cruel, reprit la marquise avec fierté; mais alors je pourrais porter mes accusations bien haut : je pourrais en appeler à la Reine de France; invoquer ces deux années de Régence si pleines de calamités, que j'ai souvent fait retourner en arrière en exposant ma tête! je pourrais citer telle faction anéantie par mes conseils; et, plus que tout encore, je pourrais invoquer l'amour et la soumission que j'ai toujours eus pour la grande Reine. Mais les rois s'accoutument à mépriser leurs courtisans sur le premier soupçon. La pourpre cache dans ses replis l'ingratitude. — Le sceptre est toujours d'or pour celui qui accuse; jusqu'au jour où un nouvel accusateur viendra lui en faire sentir le fer, en aidant à le précipiter dans l'abîme qu'il s'était creusé lui-même. — Ce n'est pas entièrement mon histoire à moi; car, qui suis-je? une pauvre femme, sortie par vos mains de l'opprobre pour l'élever au faîte des grandeurs et de la puissance. Au moins, je ne connaîtrai pas l'humiliation d'une trop cruelle décadence. Il y a encore de l'orgueil à porter le nom de marquise d'Ancre. Aussi, madame, je viens vous remercier de vos bontés passées, et vous dire adieu.

La Reine parut émue, mais elle était loin de s'attendre à ces reproches indirects de la marquise, et surtout à cette fierté irascible; elle croyait que madame d'Ancre implorerait son pardon.

Léonora, voyant le silence de la Reine, se jeta à genoux :

— C'est aux pieds de votre Majesté, à ses pieds comme une esclave repentante, que je viens vous dire adieu!...... adieu pour toujours!!

Marie de Médicis pleurait. Elle ne put résister davantage :

— Non, s'écria-t-elle en lui tendant les

bras, non, Léonora, sur mon cœur, sur mon cœur ! mon amie, mon ange de bonheur, toi que j'aime presque à l'égal de mes enfans, toi ma sauve-garde aux jours de danger !... tu resteras !

— Ah ! ma Reine... mon amie, dit la marquise en lui prodiguant les plus tendres caresses, les mots les plus persuasifs, vous me rendez la vie du ciel ! Maintenant, je me croirai plus grande et plus forte que par le passé ; je résisterai avec plus de calme aux tempêtes soulevées contre moi. Oh ! ma Reine, pourquoi avoir écouté des insinuations perfides ! moi, qui m'estimerais si heureuse de mourir pour vous !

— Nous ne nous séparerons plus, Léonora ; j'ai approfondi toutes les infamies de madame de Conti ; je veux, à partir de ce jour, humilier et abattre cette famille des princes, cette hydre menaçante qui veut m'engloutir avec elle ;..... Marie fera comme Catherine : seulement, la justice présidera !

— Soyez toujours généreuse, madame, et n'abandonnez pas votre admirable sang-froid ; de grands périls nous menacent.

— Je le sais, Léonora, je le sais. Mais, tiens, lis cette lettre, et vois si le bonheur ne me sourit pas. Voilà enfin les négociations du double mariage avec l'Espagne terminées ! Dans vingt jours, Louis XIII épouse Anne d'Autriche. C'est alors que tout s'abaissera devant moi, et que mes ennemis trembleront ! Oh ! je veux donner des fêtes brillantes, des tournois pour les chevaliers. Je ferai célébrer un carrousel à la place Royale. Puisque tous les Médicis ont aimé les grandes choses, je veux porter dignement le nom de Médicis ! Ne m'approuves-tu pas, Léonora ? ne songes-tu pas qu'il faut frapper l'imagination de ce peuple à la puissante pensée ? Oh ! la France ne ressemble point à l'Italie ! Là, il n'y a plus que des souvenirs, que de la poésie pour les âges passés. Ici, c'est toujours une longue et sanglante épopée, parfois atroce et parfois sublime ! Ici, le cœur des masses ressemble à leurs armures, — tout est de fer !

Marie de Médicis, en ses jours de triomphe, avait de ces grandes et fortes improvisations; c'était une femme de l'antique; puis elle perdait aussitôt cette énergie âpre pour retomber dans une mollesse efféminée, ou pour s'abandonner à ses craintes maternelles.

— Si tu savais, Léonora, combien je tremble pour les jours du Roi mon fils ! Qui sait si ce petit gentilhomme, ce Luynes, n'appartient pas à la faction des princes? il fait d'effrayans progrès dans la faveur de Louis; j'ai déjà engagé mon fils à secouer ce joug qu'il s'impose. J'ai des craintes, Léonora : si tu savais..... N'a-t-il pas poussé l'impudence, ce Luynes, jusqu'à prononcer devant moi des paroles qu'une autre femme aurait pu interpréter comme des paroles d'amour !

— Lui !..... à la Reine !

— Oui, mon amie ! Peut-être songe-t-il à devenir premier ministre. Mais rassure-toi, j'enverrai ce fauconnier apprendre *à siffler aux grives;* et tant que je serai Régente, je tiendrai le globe impérial! Mes enfans obéiront à leur mère, les gouverneurs de Gaston d'Orléans seront mes créatures, les princesses mes filles seront sous ma dépendance; et cet autre infortuné dont la destinée est si sombre, sera aussi, sous mes yeux, élevé comme un fils du sang royal! O Léonora! *mia dolcè*, toi qui es mère, tu sais les replis de mon cœur, tu sais combien j'ai été malheureuse! combien il y a d'amour et de tendresse maternelle en moi! Des affections vulgaires ne pourraient effacer cette faute; je dois être plus qu'une femme ordinaire : je serai pour lui mère et Reine.

— Je l'ai vu ce matin, le pauvre enfant, dit la marquise d'Ancre en baissant la voix; si vous saviez comme il est beau! il me souriait avec joie, il m'accablait de caresses en m'appelant sa mère...... J'ai pleuré en le quittant, je croyais l'embrasser pour la dernière fois!

— Bonne Léonora! — Mais ne parlons plus

de cela, je veux être gaie ce soir. Comment va Concini ? Est-il bien affligé ?

— Comme un fidèle serviteur qui perd les bonnes grâces de sa souveraine; et cependant il pense à s'éloigner sans scandale, sans vouloir écouter les mécontens et se joindre à eux.

— Lui auraient-ils déjà fait des propositions? s'écria la Reine avec surprise.

— Oui, madame, répliqua la marquise d'Ancre avec une extrême simplicité; M. le comte de Soissons n'a quitté l'hôtel du marquis qu'à une heure de la nuit.....

— Déjà! dit Marie; et il a refusé?

— Léonora Dori savait qu'il y allait du salut de sa souveraine, repartit la marquise, et la disgrâce d'un instant n'arrête pas les élans de la reconnaissance dans de nobles cœurs!...

La Reine lui serra la main avec affection, et lui dit :

— Eh bien! je récompenserai mes fidèles serviteurs. Le maréchal de Fervaques vient de mourir, je nomme Concini maréchal d'Ancre !

— Ah ! madame.....

Dans l'autre chambre, la princesse de Conti frémissait de colère et d'impatience; M. de Condé était parvenu à décider le gouverneur de Gaston à l'envoyer à sa mère; la jalouse dame d'honneur ouvrit la porte du cabinet de la Reine, et annonça son fils.

Marie de Médicis se leva furieuse comme une lionne. — Cette infraction aux convenances lui semblait insultante.

— *Veramente!* que mon fils attende ! — Oh ! Léonora, c'en est trop ! — Malheur et honte sur cette femme ! Sonne ton page..... sonne, te dis-je !

Le page aux couleurs zinzolin accourut par l'escalier dérobé.....

— Envoie-le au maréchal d'Ancre, au premier ministre de Louis XIII. Qu'il vienne à l'instant. Partez, jeune homme.

La marquise voulut que son page sortît par l'escalier des corridors.

— Non, s'écria la Reine, par l'antichambre, Léonora! par l'antichambre!!!

Et le page s'élança, léger comme un oiseau, pour aller avertir son maître.

Dès qu'il se fut éloigné, Marie de Médicis revint vers Léonora :

— As-tu tes cartes, *buona mia?* je veux savoir ce qu'elles disent aujourd'hui.

— Elles seront muettes, j'ai l'âme en peine; et nous sommes au lundi.

— Qu'importe! je veux à l'instant même consulter le destin. Ferme les tentures de la fenêtre afin d'intercepter le jour.

Alors Marie, la superstitieuse Marie, fit jouer un ressort; une petite porte s'ouvrit sous les courtines de damas; puis elle appela trois fois :

— Masaly! Masaly! Masaly!

Après une minute de silence, un homme de

haute taille, vêtu d'une longue robe de velours noir, apparut, et salua les deux dames avec des marques d'un respect profond. — Il avait environ cinquante ans, ses yeux noirs étaient petits et vifs; son teint basanné, ses longs cheveux plats en désordre, son nez recourbé et je ne sais quel ensemble dans ses manières faisaient reconnaître un Juif. — Cet être singulier était l'astrologue de Marie de Médicis.

Il y avait peu de temps qu'il était près d'elle; Ruggieri, mort plus tard, en 1614, commençait à céder à la funeste influence de la maladie qui l'emporta, et Marie de Médicis, en proie à de continuelles terreurs, ne pouvait se passer d'astrologue. — Masaly était un de ces hommes, aveuglés par leur art, à qui rien ne coûte pour accomplir la tâche qu'ils se sont imposée. Il avait couru sur toutes les terres du globe; il avait navigué sur toutes les mers; la Chaldée, la Perse, l'Arménie, lieux si chers aux devins, il avait tout vu : — ses connaissances en médecine, en physique, en chimie, étaient de la plus grande étendue ; les langues mortes et les ouvrages des savans lui étaient familiers. Il semblait ne rien ignorer : aussi Marie le cachait-elle à tous les regards. On aurait dit qu'il était pour elle ce que les esprits de seconde nature étaient aux anciens Mages.

— Léonora, dit la Reine, mets la main de fer aux anses de la porte. — Eh bien, mon fidèle Masaly, as-tu suivi, pendant la nuit, les scintillemens de mon étoile ?

— Oui, madame, répondit l'astrologue. A force de préparations savantes et de combinaisons des astres, je suis parvenu à soulever l'épais voile qui couvre les divinations. Cosme Ruggieri s'est trompé lorsqu'il a dit à votre Grâce que l'homme était une créature trop infirme pour atteindre à la projétion. Les anciens sages de la Chaldée touchèrent à l'infini. Je sais bien qu'il est des astrologues que les labeurs pénibles arrêtent, ou d'autres, comme ces Mévétavites musulmans qui ne possèdent que l'infinitécisme de la grande science mystérieuse. Ceux-là déshonorent le titre de prophètes. L'âme de leurs ancêtres ne s'est jamais arrêtée autour du cercle ombragé de sycomores, dans la vallée de Candahar, à l'heure du Manzel, quand nos pères dansaient la siccine aux sons divins de l'hazure hébraïque et des harpes d'or.

La maréchale d'Ancre laissa errer sur ses lèvres un sourire d'incrédulité. — Masaly le remarqua.

— Eh bien, dit la Reine, c'est aujourd'hui le seizième jour de ta venue ici ; c'est le terme fixé par toi pour achever tes longs préparatifs. J'espère que tu ne m'accuseras point d'avarice, j'ai mis assez d'or à ta disposition.

— Vous, grande Reine, et le puissant Scheick de Perse, avez été jusqu'ici les seuls mortels qui aient aidé l'humble sectaire du Thalmud. — Aussi j'appellerai sur vos têtes autant de bénédictions que j'ai jeté de paroles maudites au genre humain.

— Je veux, ajouta la Reine, que Léonora

soit comprise dans ta prophétie : sa fortune est attachée à la mienne.

L'astrologue regarda la maréchale d'Ancre, puis il dit lentement ces paroles :

— L'étoile de la grande Reine est encore à l'Orient, tout près de Syrius, tandis que celle de madame la maréchale s'abaisse à l'horizon occidental comme un rayon de soleil qui s'éteint.

La maréchale sentit un frisson lui glacer le cœur.

— Je vous ai promis ma main, reprit Marie, afin que vous puissiez suivre ma destinée. La voici :

L'astrologue demeura debout devant la Reine, examinant avec une attention extrême les lignes nombreuses et brisées qui se croisaient dans sa main gauche. Après un instant de recueillement, il dit d'une voix solennelle :

— La grande ligne prend son principe au thénar, et s'allonge jusqu'au muscle de l'index ; elle n'est point traversée par la ligne de mort. Vous vivrez de longs jours, madame.

— Ce sont les mêmes paroles de Ruggieri, dit la maréchale d'Ancre.

— N'interromps pas, Léonora, murmura la Reine à voix basse.

L'astrologue suivit toutes les lignes.

— Ces deux raies formant une bifurquation, ajouta Masaly, annoncent que vous êtes sous l'influence de Mars. —Vous songez à la guerre, noble Reine.

Marie de Médicis devint pâle, et fixa ses yeux inquiets sur la maréchale d'Ancre.

— Voici les signes de la colère et de la dissimulation... ils correspondent... non.... ils s'arrêtent...

Masaly pâlit à son tour, et, balbutiant quelques paroles inintelligibles comme des murmures d'arabisme, il garda le silence.

— Tu me trompes, astrologue maudit, s'écria la Reine avec fureur. Serais-tu, par hasard, vendu à mes ennemis pour me perdre? Dis-moi tout, je te l'ordonne.

— S'il y avait dans cette révélation les signes de quelque grand malheur? reprit Masaly avec calme.

— Qu'importe, dit la Reine; je veux...... oui, je veux tout savoir.

— Donc, écoutez-moi, reprit-il, cette ligne correspond avec la planète de Saturne; et, d'après l'écliptique de votre étoile suivie par moi cette nuit, c'est le présage d'une grande calamité (1).

— Je sais bien, pensa la Reine, que ce prince de Condé voudrait se faire roi, mais je ne laisserai pas le globe impérial à portée de sa main; à défaut de Bastille, on trouverait encore des *quarante-cinq* (2); mais, ajouta

---

(1) Christianius Moldenarius en son livre de : *Exercitationes Physiognomicæ*, lib. *Cheiromanteiam*, assure que les personnes qui sont nées sous l'influence planétaire de Saturne sont mélancoliques, dissimulées, sujettes aux plus grands malheurs! Sous l'influence planétaire de Mars, ardentes à la guerre, emportées, colères.

(2) Allusion aux quarante-cinq soudarts de Henri III, dont quatre d'entre eux : Montléry, Loignac, Saintes-Malines et Sariac assassinèrent, à Blois, Guise le Balafré.

Marie de Médicis à voix haute, cette calamité doit-elle être prochaine, messire Masaly?

— J'ai cherché, dans la conjonction des astres et des corps célestes, tout ce qui pouvait être soumis à l'influence de votre destinée ; j'ai eu recours à la sidéromancie : les étincelles qui jaillissaient avaient la couleur du sang.—J'ai planté dans le matras enchanté la baguette divinatoire, et j'ai tourné son bout d'or du côté de la Perse, au-dessous de la périphélie de votre étoile, — et mes efforts ont été impuissans.

— Si tu ne m'avais révélé une de mes plus secrètes pensées, dit la Reine avec mépris, je te livrerais pieds et poings liés au Parlement, comme un misérable imposteur.

— Votre cœur dément ce que votre bouche avance, répliqua l'astrologue avec fierté. Je le sais, madame, et je ne me crois pas offensé.

— Alors, puisque tu devines si bien ce que

mon âme pense, s'écria Marie avec son emportement habituel, dis-moi donc quel malheur me menace, afin que je puisse le prévenir? Mais, tu veux peut-être de nouvelles sommes. Oh! c'est cela; oui, c'est cela. Depuis seize jours, j'ai empli de pistoles d'or ton grand creuset destiné à l'alchimie; et il t'en faut encore!

— Par Manassez! s'écria l'astrologue en élevant ses mains au-dessus de sa tête, Dieu vous garde de semblables pensées, grande Reine. Mon astre suit le vôtre; il est à sa droite placé au firmament : du jour où l'âme cessera d'animer votre corps, on pourra commander ma pierre tumulaire. C'est cela qui m'a engagé à quitter la Perse pour venir ici partager vos destins. — Moi, accusé d'ambition sordide! ô Manassez! ce que je vous ai demandé, grande Reine, c'est pour parvenir à découvrir tous les secrets de la maison de vie. — Rien de plus. — Car, en me faisant votre esclave, j'ai déposé ma ceinture, semblable par-là aux anciens vassaux qui remettaient corps et biens à leurs seigneurs (1) !

Le vieillard prononça ces paroles d'un ton de voix si solennel, que Marie de Médicis lui rendit toute sa confiance.

— Alors Masaly, dit la Reine avec douceur,

---

(1) Maistre Guillaume Fournier, docteur d'Orléans, au second livre de ses *Selections*, dit : « Que la ceintvre novs estoit comme vne lettre hierogliphiqve des biens. Povr marquer sovmission à quelqu'vn, on la déposoit. »

Lors de l'arrêt donné par le grand Conseil, le 25 mai 1453, contre l'argentier Jacques Cœur, il était porté *nommément* qu'il ferait amende honorable sans chaperon et ceinture.

Pasquier, dans ses *Recherches sur la France*, dit : « Mon opinion est que cela vint de ce que nos ancestres auoient accoustumé de porter en levrs ceintvres tous les principaux outils de levrs biens. L'homme de robe longve, son escritoire, son cousteau, sa gibbecierre. L'écritoire pour gagner sa vie, le cousteau povr viure, la gibbecierre povr retirer ses deniers, ainsi des autres mestiers. Tellement que, si de nostre ceinture despendoient tovs les instrumens qui seruent à viure, à conseruer et à entretenir nos familles, il ne faut poinct trouuer estrange que l'on estimast l'abandonnement de la ceintvre représenter aussi l'abandonnement de nos biens. »

(*Pasquier.*)

« Philippes, premier de ce nom, dvc de Bourgongne, estant mort, sa vefüe renoncea à ses biens mevbles, craignant les debptes, en mettant seur la représentation sa ceintvre, auecqves sa bource, et ses clefs comme il est de coustume, et de ce, demanda acte à vng Tabellion qui estoit présent. »

(*Enguerrand de Monstrelet.*)

faites cesser mes mortelles inquiétudes, puisque vous m'aimez. — La vie présente d'une tête couronnée est déjà bien amère, sans y ajouter la crainte des angoisses de l'avenir.

— La nuit dernière, reprit l'astrologue, j'ai ouvert le livre des Saturnales du poète latin Macrobus; j'ai consulté ses cinq espèces de songes; j'ai eu recours à l'œnomancie; j'ai bu dix gouttes de vin et d'arack dans le vase d'or; j'ai touché la pierre de Symandius (1), le grand roi d'Egypte, puis Diodore de Sicile, et enfin le *Livre chimique* du célèbre Nicolas Flamel : tous mes efforts ont été impuissans; un épais voile s'arrêtait sur le poli de mon miroir magique.

---

(1) « Symandyus, roi d'Égypte, avait de grandes connaissances en astrologie. Il avait découvert, dit l'auteur des *Fables Egyptiennes*, la pierre philosophale. Un monument qu'il fit élever était environné d'un cercle d'or massif, dont la circonférence était de 365 coudées, et chaque coudée était un cube d'or. Sur un des côtés du péristyle d'un palais, qui était auprès du monument, on voyait Symandius qui offrait aux dieux l'or et l'argent qu'il faisait tous les ans. La somme en était marquée à treize milliards, cent vingt millions. » (*Dom Pernety.*)

— Cet homme est un fourbe, dit la maréchale d'Ancre à voix basse, en s'adressant à la Reine.

— Mais cette révélation sur nos projets de guerre, répondit Marie; il faut aller jusqu'au bout, Léonora.

— Madame, reprit Masaly avec un trouble qu'il cherchait à réprimer, le grand principe de tout a bien voulu donner des pouvoirs plus étendus à son pauvre serviteur; mais, s'ils sont parfois dangereux, aucuns secrets ne restent cachés.

— Une Reine doit mépriser tous les périls quand il s'agit de sa couronne. — Et une mère, quand il y va de la vie de ses enfans. — Parlez, savant docteur.

— Je vais donc dévoiler sous vos yeux tous les charmes de la tératoscopie (1). Quelles que soient les apparitions qui s'offriront à vos yeux,

---

(1) La tératoscopie, divination à l'aide des spectres ou fantômes qui apparaissaient.

(*Peucer*, liv. 5, chap. 7.)

ne vous effrayez pas. Les esprits que je vais évoquer diffèrent peu des corps célestes ; ils sont moins épais et moins gigantesques que les nuages du ciel; ils prennent la forme que je veux. — C'est la subtilité de l'air avec des drachmes de matière et une intelligence. Aurez-vous assez de force d'âme, noble Reine (1)?

— Oui!... oui! répéta Marie avec force.

— Vous avez sans doute, madame, entendu raconter que certains élus du Grand-Etre ont eu quelquefois des génies familiers qu'on appelle *succubes*. Alexandre, ce grand roi païen de Macédoine, était fils d'un de ces génies. Le roi d'Angleterre, dans sa savante histoire des démons, atteste que Merlin-le-Magicien était aussi fils d'un incube et d'une fée des montagnes. — Et dans des temps moins éloignés de notre siècle, Jehan Froissart, qui a fait de si belles et si merveilleuses chroniques,

(1) s esprits, cités par Masaly. sont à peu près de la même e ceux dont parle Apulée dans son *Ane d'or*.

raconte que Raimond, comte de Gascogne, avait à ses ordres un démon familier. — Eh bien, madame, le Grand-Etre a bien voulu jeter les yeux sur son misérable Masaly. Moi aussi j'ai un démon; tout cède à sa puissance; il ne me cèle rien. Grâce à lui, je peux savoir plus qu'aucun mortel; je lis dans les astres, dans l'avenir. Il n'y a que l'âme du grand Mage de la Chaldée qui puisse arrêter les révélations de Masaly (1).

— Je suis prête à entendre mon horoscope, dit Marie de Médicis.

L'astrologue alla de nouveau s'assurer si la main de fer tenait fortement dans les anses de la porte. Le visage de la superstitieuse Reine exprimait la frayeur et l'inquiétude, tandis que celui de la maréchale d'Ancre avait une

---

(1) « Cardan, en son livre de *Subtilitate rerum*, ayant communément esté recongneu pour magicien, fut instruict par son père qui eut l'espace de vingt huilt ans, un esprict ov démon enfermé dans vne cassette, avec lequel il discouroit ordinairement, et lui communiquoit ses affaires.

(Le sire de Lancre, *de la Mescréance des sortiléges.*)

expression plus calme, mais où l'on remarquait néanmoins des signes de terreur. La figure basanée et les yeux perçans de Masaly lui semblaient d'un fâcheux présage.

Le magicien plongea la mèche de la lampe dans le réservoir d'huile, et tous les trois demeurèrent dans une obscurité profonde; les craintes des deux dames s'accrurent davantage encore : puis, Masaly s'en alla au fond de l'appartement, et, écartant les riches tentures de soie, il poussa un ressort qui, en cédant, fit ouvrir les deux panneaux de la muraille.

Alors des lueurs bleuâtres répandirent leur lumière indécise dans la chambre de la Reine. Marie et Léonora examinèrent avec inquiétude d'où partait ce jour fantastique : c'était du cabinet de l'alchimiste. Un nombre prodigieux de matras, de fioles, d'alambics, de creusets posés avec désordre sur des tables ou des fourneaux, annonçaient la nature de l'habitant de ces lieux. — Sur une plus grande table en chêne sculpté on voyait le *globe noir*, le *corbeau sans tête*, des *plaques d'argent*, des *lames de fer-blanc*. Puis, sur une table d'ébène moins élevée, ornée de statuettes en cuivre et incrustées d'ivoire, étaient posés symétriquement les marmousets hiéroglyphiques, et le livre de l'Enéide destiné aux *sorts virgiliens*, sur lequel était posé un magnifique Mélichryson, dont les angles et les facettes projetaient, en forme d'ombre, des reflets tout brillans d'or (1).

---

(1) « Les anciens Romains, sous les empereurs, eurent vne certaine manière de deuiner les choses futvres à l'ouuerture du liure par la rencontre de la ligne qu'ils auaient auparauant désignée : chose qui se pratiquoit ordinairement seur les œuvres de Virgile, et pour ceste cause appeloient ceste façon de faire les *sorts virgiliens*. »

(Pasquier, *des Recherches de la France*.)

Plus tard, cet usage passa dans les Gaules, mais avec des livres saints. Grégoire de Tours raconte que, de son temps, Mérovée, fils de Chilpéric, voulant s'emparer de la couronne de son père, qui s'était mis en *franchise* dans l'église de Saint-Martin de Tours, voulut savoir quelle issue auraient ses affaires; il mit sur la châsse de saint Martin, le *Psaultier*, le livre des Rois et les Evangiles, « et après avoir jeûné trois jours en toute prière et oraison, ouvrit « le livre des Rois où il trouva : pour autant qu'avez mis en oubli « votre vrai Dieu pour adorer autres dieux étrangers, pour cette « cause Dieu vous a réduit ès-mains de vos ennemis. »

(*Grégoire de Tours*.)

Sur un coussin de velours rouge était un livre ouvert qui semblait précieux par sa riche couverture et les enluminures qu'on remarquait sur les feuillets : le phylactère avait été mis dessus avec une grande précaution ; ce livre était intitulé : *Le grand Astrologue merveilleux des Juifs de la Chaldée, retrouvé par Nicolas Flamel* (1).

Les lueurs bleues provenaient d'une glace de même couleur qui réfléchissait la lumière sur un globe lumineux.

Masaly se versa un breuvage dans une coupe de vermeil ; dès qu'il l'eut bu, sa physionomie s'anima, ses yeux devinrent étincelans ; il releva sa tête et jeta à terre sa toque brune. Alors, cet homme extraordinaire sembla un être au-dessus des créatures humaines ; il fit

---

(1) « Ce liure estoit couvert de cuiure bien et bel ouvraigié avecque feuilles d'écorces déliées... gravées d'une trèz grante industrie, et escribtes avecque vne pointe de fer — y avoit dessus cettuye inscribtion : à la gent des Juifs par Abraham le Juif — prince, prestre, lévite, astrologue et philosofe.

(*Histoire de Nicolas Flamel.*)

entendre des paroles mystérieuses; et, tombant tout à coup sous le charme de l'inspiration, il répéta trois fois ces paroles hébraïques : דויוד (1) ; puis, élevant sa baguette divinatoire au-dessus d'un fourneau allumé, il y jeta quelques brins de l'herbe marmoritide (2). Une épaisse fumée s'éleva comme un nuage et assombrit le laboratoire de l'alchimiste. L'odeur qu'elle exhalait, sans être incommode, agit sur les nerfs délicats des deux dames, et Marie demanda à boire à l'astrologue.

Masaly avait prévu cela; il alla chercher un vase rempli d'une eau très claire et un flacon de vin. Marie de Médicis but sans concevoir aucun soupçon, et présenta sa coupe à la maréchale d'Ancre, qui l'imita.

Aussitôt le front de l'astrologue devint plus radieux; il traça un cercle enchanté au milieu

---

(1) *Gloriosus decoratus*. Histoire de Flamel.

(2) « Cette herbe servait à évoquer les génies de l'air, les démons, et les attirait à rendre leurs réponses fatidiques. »

(Le sire de Lancre, *de la Mescréance des sortilèges*.)

de l'appartement, et l'ayant entouré de caractères charmés, il y fit asseoir la Reine et la maréchale.

Il jeta de nouveau de la marmoritide dans le fourneau, et, s'approchant de Marie, il mit entre ses mains le miroir magique :

— Regardez, grande Reine, dans ce poli merveilleux ! s'écria-t-il; que vos yeux se fixent vers le ciel du côté des plaines de la Chaldée. C'est votre étoile qui brille..... Une autre étoile apparaît à l'horizon, du côté de l'est..... — Bientôt elle sera prédominante au firmament..... Toujours Saturne ! ajouta l'astrologue avec douleur..... L'étoile est pâle ! la vôtre est sous l'influence de Mars..... Il faut la guerre ! la guerre, grande Reine !.....

— Oui, dit Marie d'une voix étouffée..... la guerre..... Puis, le breuvage de Masaly provoqua une somnolence et des songes animés... La maréchale et la Reine fermèrent les yeux; Marie de Médicis répéta encore :

— La guerre !..... La pâle étoile à l'horizon,

c'est Luynes, Luynes ! les dangers que je cours, c'est.....

Alors, elle parla si bas qu'on n'entendit plus que des murmures et des soupirs entre-coupés.

Masaly se croisa les bras, et arrêta ses yeux perçans sur les deux femmes endormies :

— Quelques grandes calamités se préparent, dit-il ; le miroir magique est terni !

Puis, il se retira au fond de son laboratoire, et fit glisser un panneau sur lequel était la merveilleuse imitation d'un matras :

— Astar ! Astar ! cria-t-il.

Un nain difforme, aux cheveux gris et hérissés, vêtu de rouge et de noir, haut de deux pieds et demi, à la bouche large et garnie de longues dents jaunes, apparut à l'entrée du panneau. Il voulut sourire, il fit une grimace épouvantable. A le voir ainsi dans la fumée, au milieu des fioles, et sous ce jour bleuâtre et diaphane, on aurait dit un de ces démons comme l'imagination les représente dans les rêves d'horreur.

— Eh bien! Astar, reprit l'astrologue avec gravité, qu'a dit M. de Bassompierre?

— Maître, reprit le nain d'une voix criarde, monseigneur de Bassompierre viendra dans deux heures; quand minuit sonnera, il sera à la porte du petit escalier qui descend ici.

— Et c'est tout?

— Non, maître. Monseigneur le marquis d'Ancre vient d'être rappelé par la Reine; mais les seigneurs essaient à soulever le peuple : on parle de le faire assassiner..... J'ai entendu causer de six mille écus..... et M. de Soissons disait à voix basse à madame de Conti, dans la galerie sombre : — M. de Luynes est désormais favori... c'est lui qui paiera.—C'est tout.

— Et le gazetier?

— Voilà ce qu'il m'a remis; deux chiffons écrits.

— Tout est-il préparé? Rebecca et ses deux femmes sont-elles là?

— Oui, maître.

— Allons, c'est bien, mon succube. Tu vas jouer ton rôle de démon. Tiens, voici la Reine et la marquise d'Ancre.

— Elle serait mieux dans le pays que nous venons de quitter, dit le nain avec un sourire qu'il voulut rendre malicieux; en France, les nez arqués ne sont pas des talismans aux yeux du peuple (1).

— Tu es un être précieux, dit l'astrologue; cette femme, jusqu'à ce jour, m'a traité d'imposteur; l'horizon devient menaçant pour elle, je veux qu'elle se souvienne de Masaly!

Alors, il plaça son nain tout près d'un fourneau allumé; puis, il y jeta une poudre odoriférante, et, à de fréquens intervalles, Astar

---

(1) « Les Perses avaient une grande vénération pour les personnes qui avaient de grands nez. »

(*Christianus Moldenarius.*)

laissait tomber sur les charbons ardens une liqueur qui engendrait des flammes.

L'astrologue prit la main de la Reine, et lui fit respirer un flacon de sels. Marie entr'ouvrit les yeux.

Au même instant, commença une scène d'horrible fantasmagorie. Le laboratoire ne fut plus que flamme et fumée; puis, à droite, un rideau noir se replia sur lui-même jusqu'au plafond, et les deux dames purent remarquer le nain gesticulant à leurs pieds, et des fantômes effrayans qui glissaient sur le mur tendu de velours, comme ces ombres qu'on aperçoit au bord des chemins par de légers brouillards, ou à l'heure du crépuscule; et chaque fois que la fantasmagorie changeait, Masaly passait son flacon de sels sous le visage des deux dames : elles ouvraient les yeux, entendaient les paroles magiques de l'astrologue, puis elles retombaient dans leur semi-léthargie.

Un nouveau ressort fit tomber l'autre panneau du fond du laboratoire. Tout ce que l'imagination arabe a inventé pour décrire le séjour des fées était là, étalé avec la plus grande magnificence. On apercevait des gradins couverts de fleurs embaumées, d'arbustes rares; une lumière éblouissante en jaillissait, et se reflétait en longs jets jusqu'aux pieds de la Reine. Trois femmes étaient sur le sommet, couchées nonchalamment à la persanne sur des coussins de velours vert brodé d'or. Elles étaient appuyées sur de petites harpes, semblant n'attendre qu'un signal pour chanter des hymnes divins. Leur parure était blanche comme le lis des montagnes, et le long voile de gaze qui tombait en ondulations de leur tête à leurs pieds ajoutait encore à leur physionomie arabe ou juive. — C'étaient des anges, des péries. Là, c'était beau comme le ciel!

Alors Masaly, d'une voix vibrante et sonore, entonna la chanson juive :

— Si es venido
No es venido

El Messias prometido
Que no es venido.

Les trois admirables filles de la Perse préludèrent sur leurs harpes, et chantèrent, d'une voix pleine d'harmonie, les beaux vers du poète Arabe dont nous donnons la traduction :

— Les astres sont inconstans comme le souffle des mers.
La vie est longue dans l'avenir.
Le sage est roi sur la terre.
Consultez le Destin à l'heure de la tempête ;
L'Eternel se révèle à ses élus :
Nous sommes les filles du ciel !

Puis Astar obéit à un signe de son maître ; et le laboratoire s'éclairant par de nouvelles flammes, les visions s'évanouirent.

La Reine et la maréchale firent entendre un soupir étouffé. Masaly prit le miroir magique : il était complétement terni.

— Voici des présages de sang ! s'écria-t-il. La puissance de la Reine est chancelante... il faut qu'elle frappe un grand coup, ou elle est perdue. Avec elle je tomberai..... mais qu'importe, je serai toujours son serviteur.

Après ces paroles, Masaly prit un des marmousets enchantés qu'il plaça sous le nez de la Reine; elle toussa légèrement, et rouvrit les yeux avec un air abattu.

— Ah ! Masaly, que de choses vous m'avez fait voir.

— Il y a du sang sur le poli du miroir, madame : quelqu'un vous trahit, votre liberté est menacée, votre vie peut-être; gardez-vous des princes et des favoris. — Il y a aussi un prêtre qui fait sentir son influence.

— Un prêtre ! — Armand de Richelieu, évêque de Luçon, a seul ma confiance; il m'aide à parer les coups du prince de Condé.

— Défiez-vous du prêtre, madame !

— Le prince de Condé ira coucher à la Bastille, s'écria la Reine en joignant les mains.

Alors, Masaly dit à voix basse quelques paroles à la marquise d'Ancre; elle était toujours immobile, les yeux fermés; tout à coup, ses muscles se raidirent, son visage se contracta.

— Ah ! s'écriait-elle, quoi, morte !... et mes pauvres enfans.... oh ! malheur ! malheur !...

— L'Esprit, ajouta l'astrologue, viendra frapper autant de coups à la porte de ton palais qu'il tombera de têtes de la seigneurie d'Ancre. Tu auras encore quelques jours de puissance, mais ils ressembleront aux dernières lueurs d'une lampe qui menace de s'éteindre à tout instant.

La maréchale poussa un cri d'effroi.

Puis, Masaly la touchant au visage avec l'adamanthide (1), elle se réveilla de la même manière que la Reine.

— Votre étoile s'est effacée comme le poli de mon miroir, s'écria l'astrologue d'une voix solennelle. Quittez la France, et retirez-vous

---

(1) « La racine de l'adamanthide par laquelle il dit avoir vu un
« certain homme nommé Eléazar, chasser un démon en présence
« de l'empereur Vespasien, lui ayant seulement porté au nez une
« certaine bague sous le sceau de laquelle était cachée cette racine. »
(Flavius Josephe, *Histoire des Juifs*.)
« Del-Rio dit aussi que l'adamanthide servait aux magiciens pour réveiller les personnes auxquelles ils tiraient l'horoscope. »
(*De Fascinatio.*)

vers l'occident, car du sud accourt une épée sanglante !

— Au nom du ciel, dit la marquise avec effroi, parlez plus clairement, Masaly ; mes songes étaient affreux ; il y avait du sang ! partout du sang ! dites encore. Oh, dites !

— Ma science s'est arrêtée là, madame.... Retire-toi, Astar.

De nouvelles flammes s'élevèrent enveloppées dans des tourbillons de fumée, et les deux dames, saisies d'effroi, purent apercevoir le nain qui s'élança comme l'éclair dans le faux matras.

— O Léonora ! s'écria la Reine en cachant sa tête sur la poitrine de la maréchale d'Ancre.

— C'est son démon familier, dit-elle.

— Que cet homme est puissant, madame. J'ai l'âme pleine de terreurs ; je vais prier la Vierge !

Et la dévote et superstitieuse maréchale d'Ancre se signa.

— Tu vois, Léonore, dit la Reine, combien toutes choses lui sont révélées ; il ignorait les nouvelles faveurs que je venais d'accorder au marquis, et l'ordre d'exil révoqué ce soir. — Il a tout dit... et cette pensée de guerre, mon secret unique !

— Il est vrai, madame. Sortons d'ici.

En un instant les lueurs bleues disparurent, le laboratoire fut éclairé par une lampe simple, et l'on entendit frapper à l'appartement de la Reine.

Marie et Léonora quittèrent leurs coussins, et Masaly poussant le ressort, les panneaux se refermèrent.

Madame d'Ancre alla ouvrir :

C'était le Roi.

— Ah ! s'écria Marie de Médicis en embrassant Louis XIII, soyez béni, monsieur mon fils ; vous venez à propos, j'ai une commission de maréchal de France à vous faire signer.

Pendant ce temps, le marquis d'Ancre arrivait au Louvre ; il entra dans l'antichambre où se trouvaient encore les seigneurs que la curiosité avait retenus. Il était précédé par un page qui l'annonça :

— Monseigneur le maréchal d'Ancre.

— Maréchal ! s'écrièrent à la fois les ducs de Guise, d'Espernon et de Bellegarde. — Et il va chez la Reine !

— Oui, maréchal, mon cher *moussour* de Bassompierre. — Et le marquis d'Ancre se tournant vers les ducs, leur dit, avec sa fine ironie : Oui, maréchal de France, *seignors*, mes bons seignors, en attendant quelque duché, comme moussour d'Espernon.

Puis il passa chez la Reine.

— C'est une honte ! s'écrièrent les seigneurs.

— Pardieu, messieurs, dit Bassompierre, vous m'étonnez; — de vieux courtisans comme vous devraient savoir que la cour des rois ressemble au mouvement des aiguilles d'un baromètre.

V

Les Carrousels de la Place Royale.

> .... La lice est ouverte et les nobles rivaux
> Attendent le signal pour combattre en champ clos.
> Il est enfin donné : l'on ouvre la barrière ;
> On entend retentir la trompette guerrière ;
> Et la lance en avant deux vaillans chevaliers
> S'élancent en pressant le flanc de leurs coursiers.
> Dryden, cité par W. Scott.

Marie de Médicis avait tenu les promesses faites par elle à madame d'Ancre. Tout s'était humilié, tout avait fléchi devant sa puissance. — Elle régnait.

Le double mariage conclu, on fit les fiançailles, et la Reine voulut les célébrer par des carrousels magnifiques.

Les anciens rois de France faisaient ordinairement leurs courses, combats ou passe-d'armes, rue Saint-Antoine, devant le château des Tournelles. Mais la mort de Henri II, qui y fut tué d'un coup de lance, par Montgommery, le fit considérer comme un lieu maudit, et la cour le quitta. Néanmoins ce fut la place Royale, bâtie dans l'ancien parc des Tournelles, qu'on choisit pour asseoir le camp.

La lice avait *quarante toises de long*. On l'entoura de barrières et d'échafauds disposés en gradins d'amphithéâtre qui s'élevaient jusqu'au premier étage des pavillons de la place.

En face la lice on bâtit le théâtre du Roi et de la Reine-mère avec un luxe admirable. Il était peint or et azur. — Le grand étendard de France étalait avec orgueil ses fleurs de lis au-dessus des aigles d'Autriche, du Gonfanon de gueulles et du navire des Médicis.

Le palais de la Félicité et le temple des Chevaliers de la Gloire furent élevés à l'extrémité du camp. Des transparens flottaient au haut du donjon ; on y lisait ces noms : *Henry. Marie. Loys. Anne. Philippe. Elisabeth.*

Quand tout fut préparé, sur les deux heures de l'après-dînée, les assaillans tirèrent au sort, et voici ceux qui rompirent les lances la première journée :

M. le prince de Conti, chef des Chevaliers du Soleil ; il avait pris pour nom de camp, *Aristée.*

Le chevalier de Guise : *Olivante de Loro* (1).

La seconde troupe était celle des Chevaliers du Lis, ayant pour chef le duc de Ven-

---

(1) Année 1612. Jérôme Richard.

dôme, qui prit le nom de *Rozeleon le Valeu-reux*.

— Le sieur de Benjamin : *Riveglose le Dangereux*.

— Le baron du Pont-Château : *Belloglaise le Hardi*.

— Le sieur de Pluvinel : *Valdante le Fidèle*.

— Le marquis de la Valette : *Clarizel le Fortuné*.

— Et Zamet : *Albérin le Courtois*.

La troisième troupe était celle des Chevaliers d'Amadis aux ordres du comte d'Ayen.

Et la quatrième avait pour chef le duc de Montmorency, sous le nom de *Persée françois*.

— « Voici les quatre troupes d'assaillans qui entrèrent en lice le premier jour. Chaque troupe avait son maréchal de camp, bien monté et richement couvert; sur eux et leurs chevaux ce n'étaient que broderies, que toiles d'or, d'argent et soie; on ne leur voyait que chaînes et boutons de pierreries. Les uns étaient vêtus à la française, avec de très belles écharpes, et d'autres avec la roupille à l'espagnole, de velours, toute couverte de passemens d'or (1). »

Le maréchal de Bassompierre rapporte en ses mémoires qu'il fit faire, pour un de ces tournois dont il fut assaillant, un manteau et un pourpoint auxquels il y avait pour treize mille écus de perles fines arrangées en broderies.

Quand les quatre troupes furent rangées à chacun des points cardinaux, les maréchaux du camp firent sonner des fanfares, et l'on vit s'avancer des éléphans caparaçonnés à l'africaine, portant des tours remplies de lances dorées.

(1.) Mercure français du 17e siècle.

Puis, vint ensuite une machine en forme de forêt de lauriers, dans laquelle les Muses étaient avec Apollon. « Ceste petite forest « sembloit marcher à la douce voix de la « lyre d'un Orphée, lequel estant devant la « Royne, chanta plusieurs vers (1) :

> Une Reyne icy-bas de son Mars séparée,
> Est de tout l'univers maintenant adorée :
> L'heur qui suit sa vertu jointe à la Royauté
> La faict Reyne des cœurs soumis à sa bonté :
> Elle enchaîne la paix errante et vagabonde
> Par deux sceptres joignans par deux sceptres du monde (2).

Enfin, des nymphes vêtues à l'antique vinrent, en grande troupe, saluer le Roi et la Reine, puis les courses commencèrent. Elles durèrent quatre jours et quatre nuits. Tout Paris fut illuminé. Des salves d'artillerie se succédaient de quart d'heure en quart d'heure. Un artificier célèbre fit partir des feux qui

---

(1) Le Mercure françois.
(2) Jérôme Richard.

semblèrent des merveilles ; et, après ces fêtes si pompeuses, la grande ville reprit son calme accoutumé.

— L'orgueil et mes efforts ont ruiné les grands vassaux de la couronne, dit Marie de Médicis à la marquise d'Ancre en rentrant au Louvre ; l'argent dont ils étaient gorgés a payé leurs folies, je ne crains plus qu'ils s'en servent pour soudoyer des troupes. J'ai dans mes mains la puissance qu'avait Henri-le-Grand.

VI

Le Favori.

> Il semble que la nature prenne plaisir à rendre vil le caractère des favoris des Rois.
>
> *La Marquise de Charny.*

A mesure que Louis XIII avançait en âge, il essayait à secouer la puissance de Marie de Médicis, la considérant comme un lourd fardeau, et ne voulant pas reconnaître, au milieu des tourmentes qui agitaient la France, la sage administration de la Reine-mère. Albert de Luynes était alors son unique favori. Déjà, il commandait en despote, saisissant d'une main le bas bout du sceptre, épiant avec des yeux de lynx l'instant favorable pour le saisir à la tête, et de favori, devenir roi.

Luynes amassait dans son cœur des vengeances sans nombre. Il lui semblait que tous les grands dignitaires de l'empire, comblés d'honneurs quand il n'était que misérable gentilhomme, avaient encouru sa haine. Il pensait à les abaisser, et parmi ceux dont il avait juré la perte, la Reine-mère, le président Jeannin et les d'Ancre étaient au premier rang.

Oh! comme il savourait avec joie la pensée d'accabler Marie d'humiliations..... Pour satisfaire son ambition insatiable, il l'avait aimée sans faire partager son amour; et, après quelques années, il était arrivé à posséder un pouvoir redoutable sans avoir courbé la tête sous le joug de Marie de Médicis.

Puis, à ce maréchal d'Ancre, dont il avait si long-temps dévoré l'insulte en silence, il portait chaque jour des coups redoutables qui minaient peu à peu la base de cette imposante fortune. Il faisait répandre des calomnies et des médisances parmi la populace ; et, malgré les fréquentes aumônes et les bienfaits prodigués par la maréchale, de sourdes rumeurs annonçaient la venue d'un violent orage.

Luynes, après s'être emparé de l'esprit du jeune Roi par des actes de dévotion superstitieuse et par les futilités de la fauconnerie, avait coutume, peut-être pour adhérer aux désirs du monarque, de lui rendre parfois compte de la situation de la France... Depuis long-temps, le favori avait négligé de remplir ce devoir ; la Reine-mère, étouffant à mesure qu'ils surgissaient les germes destructeurs de la sédition, ne lui offrait aucunes chances pour éveiller l'ambition de Louis. Enfin, de nouvelles querelles suscitées par les maisons de Guise et de Conti vinrent seconder ses intentions de malveillance et d'agrandissement de pouvoirs.

Roger, valet de chambre du Roi, achevait d'habiller ce prince, quand Luynes se fit annoncer. Il entra, vêtu d'habits plus magnifiques encore que ceux qu'on était habitué à lui voir; cette fois, il portait des broderies d'or aux crevés de son pourpoint, et son petit manteau était de velours amaranthe. Le Roi remarqua tout ce luxe, et murmura ces quelques mots à voix basse :

— On m'a conseillé ce qu'on ne suit pas.

« Le luxe en ce temps, dit un contempo-
« rain, étoit si grand à raison des profusions
« de l'argent qui étoient faites aux grands, et
« de l'inclination de la Reine à la magnificence,
« qu'il ne se reconnoissoit plus rien de la mo-
« destie du temps du feu Roi : d'où il arrivoit
« que la noblesse importunoit la Reine d'ac-
« croître leurs pensions ou soupiroient après
« des changemens, espérant d'en profiter, ce
« qui obligea Sa Majesté de faire par un édit

« expresse défense de plus porter à l'avenir de
« broderies d'or ni d'argent sur les habits, ni
« plus dorer les planches des maisons ni le de-
« hors des carrosses ; mais cet édit servit de
« peu, pour ce que l'exemple des grands ne
« fraya pas le chemin de l'observer (1). »

En effet, l'édit fut bientôt enfreint par ceux-là même qui auraient dû l'observer ; car le seul Luynes, avant sa splendeur et sa toute-puissance, l'avait conseillé au Roi.

Néanmoins, Louis XIII sourit au jeune favori.

— Assieds-toi, Albert, et dis-moi si ton frère de Brantes m'enverra bientôt mes deux nouvelles pies-grièches.

— Il n'en apportera qu'une, Sire ; la plus petite est morte.

— Ah ! mon Dieu, s'écria le Roi avec im-

---

(1) *Histoire de la Mère et du Fils*, par le cardinal de Richelieu, attribuée à tort à Mézeray.

patience, il arrive toujours quelque chose de fâcheux à ce qui m'est cher!

— Cependant j'oserai dire à votre Majesté que jamais la fortune ne se montra plus libérale envers elle.

— Que veux-tu dire, mon cher Albert? s'écria Louis XIII en venant à lui d'un air confiant.

— Vous vous rappelez, Sire, cette querelle survenue entre le vieux baron de Luz et le chevalier de Guise, lors du projet qui nous concerne et qui devait renverser Concini. — Le baron fut tué. Antoine de Luz, son fils, a voulu le venger, et notre ami de Guise lui a troué son pourpoint et sa poitrine, la semaine dernière, à la porte Saint-Antoine.

— Il est mort?

— Mort aussi. Madame votre mère a ordonné à M. de Bassompierre d'arrêter le chevalier.

— Comment! s'écria le Roi, Guise est mon

ami, un défenseur de notre cause, je ne veux pas qu'on l'arrête!

— La Reine-mère, reprit le favori, s'est apaisée; et, ce matin, elle a envoyé savoir des nouvelles du chevalier, que le jeune de Luz a blessé au bras en se défendant.

— Tu le vois, Albert, dit le Roi avec douceur, ma mère est bonne; c'est à tort que tu me dis qu'elle veut usurper mes pouvoirs. MM. les princes sont trop audacieux; ils ne savent pas ce qu'ils veulent.

— Et moi, Sire, je le sais. Ils veulent l'éloignement du maréchal d'Ancre et de la maréchale. — La France n'aime pas à voir les étrangers s'occuper de ses affaires, Sire. Le président Jeannin et M. de Sillery leur sont également odieux; il faut que votre Majesté s'arrête à une grande détermination.

— Laquelle, Luynes?..... Dites, mon bon ami? demanda le Roi avec crainte.

— Mais, Sire, répondit ce dernier en hésitant, il faudrait ordonner à votre mère de se séparer des personnes qui vous sont suspectes.....

— *Ordonner* à ma mère ! reprit le Roi, réprimant avec peine des larmes qui roulaient dans ses yeux ; non, non, je ne le puis !

— Alors, Sire, vous ne régnerez jamais.

— Par l'épée de Henri-le-Grand, mon père, je régnerai !

Luynes, en courtisan habile, pensa qu'il ne fallait pas laisser refroidir cet élan d'enthousiasme. Il se disposait à faire consentir le Roi à quelques-uns de ses projets, lorsque le duc d'Espernon entra dans l'appartement, botté et éperonné :

— Pardonnez-moi, Sire, s'écria-t-il, mais le danger est imminent. Je viens d'avoir une querelle avec le maréchal d'Ancre ; la ville de Paris est en rumeur, le peuple quitte les bas quartiers, et se dirige vers le Louvre.—MM. les princes, mécontens de l'autorité despotique de la Reine votre mère, et plus encore de l'influence inouie qu'exercent ce Concini et sa femme, viennent de quitter Paris.

— Dites-vous la vérité, d'Espernon? s'écria le Roi avec des signes de terreur.

— Ecoutez, Sire, cette grande voix qui pénètre partout : — C'est la voix du peuple!....

— Eh bien! Sire, dit Luynes, attendrez-vous encore?... Attendrez-vous que le prince de Condé se mette à la tête d'une armée, et s'empare de votre couronne?

— Non, par le ciel!—Messieurs, suivez-moi au balcon du Louvre!

Le prince de Condé, en effet, venait de sortir par la porte Saint-Antoine.

« Il se retira dans une de ses maisons, à
« Creil, sur la rivière d'Oise. Plusieurs bour-
« geois de Senlis, de Mantes, de Beaumont, et
« d'autres lieux, y étant venus armés, pour
« avoir part aux divertissemens d'une grande
« fête, le prince s'y rendit aussi, accompagné
« du duc de Longueville et de plusieurs autres
« seigneurs. Toutes les compagnies d'arquebu-

« siers le reçurent avec de grandes marques
« de distinction, et allèrent au-devant de lui,
« tambour battant et enseignes déployées, jus-
« qu'à une lieue hors de la ville. La cour,
« qui ne perdait pas ce prince de vue, et qui
« était informée de tout ce qu'il faisait, crai-
« gnit qu'il ne profitât de la disposition du
« peuple pour lever des troupes. Elle lui en-
« voya sur-le-champ le secrétaire d'Etat Ville-
« roi, pour l'engager de revenir à Paris, et
« d'accompagner le Roi dans son voyage de
« Guyenne. Le prince refusa de le faire jus-
« qu'à ce que le Roi eût réformé son conseil,
« répondu aux remontrances du Parlement,
« et satisfait aux sujets de mécontentement que
« lui et ses amis prétendaient avoir reçus de la
« cour. Un des principaux était fondé sur ce
« que le prince voulait être chef du conseil, et
« avoir la direction des finances qui lui avait
« été promise. Le maréchal de Bouillon,
« comme le plus ancien officier de l'armée,
« prétendait aussi que, n'y ayant point de con-

« nétable en France, il avait droit de disposer
« du taillon. Villeroi ayant fait rapport de la
« réponse qu'il avait reçue du prince de Condé,
« lui fut renvoyé une seconde fois; sur quoi,
« le prince assembla ses amis à Coucy, pour
« prendre avec eux les résolutions convena-
« bles (1). »

Le prince refusa d'accompagner le Roi en Guyenne. Ce refus entraîna ceux d'une grande partie de la noblesse de France. Les partisans de Condé levèrent haut la tête, et se préparèrent à la guerre.

L'armée royale, commandée par le vieux maréchal de Boisdauphin, s'avança vers Sens, où l'armée du prince était campée. Le maréchal, trop inhabile pour profiter des avantages de sa position, céda le terrain après quelques escarmouches, tandis que s'il avait eu quelque audace, les princes auraient été faits prisonniers avec toute leur armée.

---

(1) Le continuateur de Mézeray. — Hist. de France.

La Reine-mère, à qui ces fautes énormes faisaient dévorer le sang italien qui brûlait ses veines, sentit qu'il fallait opposer une grande force pour reconquérir sa puissance. Plus d'une fois, elle songea à se mettre en personne à la tête des troupes; mais bientôt la réflexion venait paralyser cette ardeur qui pouvait entraîner avec elle de grandes calamités, et Marie chercha parmi les grands seigneurs de son parti quelque capacité militaire sur laquelle on pût s'appuyer.

« Monsieur le maréchal de Praslin et Des-
« cures vinrent prendre le commandement
« de l'armée, faute de mieux. — Et, peu
« après, ils le cédèrent à monsieur le duc de
« Guise (1). »

Cette nouvelle impulsion, dirigée avec une vigueur extraordinaire, effraya le prince de Condé et ses partisans. D'un autre côté, Marie de Médicis ne négligeait rien pour l'adminis-

---

(1) Mémoires du maréchal de Bassompierre.

tration civile. Elle avait rappelé le président Jeannin ; du Vair venait de perdre les sceaux, qu'elle avait donnés à Mangot; « Barbin, « homme de peu, mais probe et très entendu « en affaires (1), » et deux ou trois grands seigneurs étaient les seules personnes composant son conseil privé.—Pendant qu'elle séjournait à Tours, elle l'assembla.

— Il s'agit de la paix de notre royaume, dit Marie avec dignité ; nous vous demandons des conseils dictés par la justice et pour la prospérité de la France. D'après les hésitations de M. le prince, il est facile de voir qu'il pense à faire sa soumission. Je n'ose cependant me bercer de l'espérance qu'il déposera son épée sans nous avoir imposé des conditions. Il veut être régent, je le sais ; et M. de Longueville, au préjudice de M. le maréchal d'Ancre, veut avoir les gouvernemens de Picardie et de Normandie. Eh bien, messieurs, voyons, je vous

---

(1) Phelypeaux de Pontchartrain.

demande des conseils; parlez. Car si vous pensez que cela soit avantageux pour la France et pour mes enfans, je suis prête, quoique à regret, à abandonner la Régence.

Un seigneur nouvellement admis dans le conseil, qu'à sa longue robe violette on reconnaissait pour un évêque, fut celui qui, le premier, répondit à la Reine-mère. La physionomie de ce personnage avait un ensemble qu'on ne pouvait définir. De longues moustaches surmontaient ses lèvres pâles et minces; ses yeux, d'un clair mat, avaient une expression parfois douce et calme ; parfois aussi ils lançaient des flammes sombres comme le louche regard du tigre. — Cet homme, que la Reine écoutait avec intérêt, c'était le jeune évêque de Luçon, depuis le trop fameux cardinal de Richelieu.

— Je ne crois pas, madame, dit-il d'une voix mielleuse, que votre Majesté soit obligée de faire des concessions de la nature de celles dont vous venez de parler. La Régence peut-elle être jamais confiée à des mains plus habiles, à un cœur aussi noble? M. le prince de Condé se contentera de la présidence du conseil....., il ne veut rien de plus.....

Les seigneurs firent entendre un murmure improbateur. La Reine dit à voix basse :

— La présidence du conseil perdrait la Régence. Il n'en sera point ainsi.

— Quant à M. de Longueville, poursuivit l'évêque de Luçon, je crois qu'il serait facile de l'attacher au parti de votre Majesté. Il demande deux gouvernemens; en comblant à moitié ses exigences, il sera tout dévoué. On pourrait lui abandonner la Normandie.

— Mais le gouvernement de Normandie appartient au maréchal d'Ancre! s'écria la Reine en frappant du pied; le Roi mon fils l'en a gratifié par lettres de créance que j'ai signées de ma main. Qu'on avise d'autres moyens: Ne me faites pas de nouveaux ennemis. Ils sont déjà trop nombreux.

— Permettez-moi d'assurer votre Majesté, reprit Richelieu avec plus de soumission encore qu'il n'en avait montré jusque-là, qu'il n'y a aucunes craintes à avoir de la part du maréchal d'Ancre. N'est-il pas assez riche sans cette grande charge ? n'a-t-il pas déjà le gouvernement de Picardie, son marquisat d'Ancre, Lésigny, sa maison du faubourg ? n'a-t-il pas pour un million d'autres charges et trois fois autant de biens ? — N'est-il pas le premier gentilhomme de la chambre, et intendant de la maison de votre Majesté ? — Puis (et la voix de l'évêque de Luçon s'adoucit de nouveau), il est exécré par la populace, tandis que MM. les princes sont chéris, respectés ; et qui sait si, en dépouillant le maréchal de quelques centaines de mille livres, on ne l'arrache pas à de plus grands malheurs ?

— Vous avez trop d'audace, monsieur de Richelieu ! dit Marie avec colère. Ce que vous me proposez est un affront à ma puissance. La noblesse, le clergé et le tiers-état m'ont confié des pouvoirs dont je saurai faire usage. — Je vous croyais plus de bienveillance pour le maréchal, monsieur de Luçon ; lui, vous veut du bien.

— Aussi, madame, répliqua l'artificieux prélat, mes paroles avaient pour but de prévenir les périls qui vous menacent. — Je n'ai de haine que pour vos ennemis.

Ces paroles lui rendirent les bonnes grâces de la Reine qui avait alors en lui une confiance extrême. Elle leva l'assemblée, et fit rester Richelieu dans son cabinet.

— J'ai besoin de vos conseils, monsieur de Luçon. Quelle conduite dois-je tenir envers M. le Prince, quand nous serons réunis ?

Mais votre Majesté ne peut que gagner à avoir pour lui les plus grands égards ; je lui donnerais accès dans le conseil ; s'il veut trop y faire le maître, il nous sera toujours facile de paralyser ses empiètemens.

— On m'a conseillé de le faire arrêter, reprit la Reine dont le regard s'arrêta fixe sur Richelieu. Il pâlit, et Marie, craignant déjà d'avoir été trop loin, garda son secret.

L'évêque de Luçon balbutia quelques mots, blâma la témérité de l'entreprise; il fallait craindre le parti du premier prince du sang.

— Alors, dit la Reine avec insouciance, puisque cette mesure est imprudente, abandonnons-la. Nous partirons ce soir pour Paris; aidez-moi à chercher quelque moyen qui puisse détourner l'orage.

L'évêque de Luçon, dont l'ambition effrénée aspirait au cardinalat, saisit cet instant d'abandon de la Reine pour la solliciter en sa faveur. Marie de Médicis avait déjà refusé... elle frémit d'impatience; puis, songeant que les lumières de l'évêque lui étaient nécessaires, elle dit, en souriant :

— Nous aviserons à cela. Vous êtes bien jeune, monsieur de Richelieu. Si vous saviez combien la pourpre vieillit !... La couleur de sang est triste à voir. Attendez.

L'impatient Richelieu parut se résigner : mais, dans son cœur, il se promit bien de caresser quiconque aurait assez de pouvoir pour lui faire obtenir une des plus grandes dignités de l'Eglise.

Après la fameuse conférence de Loudun la cour revint à Paris. La réception qui fut faite à Marie de Médicis était froide, gênée. Le parti des nobles n'ignorait cependant pas que M. le Prince avait à peu près obtenu la présidence du conseil, — « la Reine-mère lui avait mis la plume en main », et d'autres concessions qu'elle avait si hautement refusées à Tours, comme l'abandon au duc de Longueville du gouvernement de Picardie, au préjudice du maréchal d'Ancre qui en était possesseur, tout cela aurait dû apaiser le tiers-état. Mais il était sans cesse aiguillonné par les créatures des princes. La populace de la Cité et du quartier de Nesle, stimulée par un certain cordonnier de la porte Bussy, nommé Picard, devenait de plus en plus hostile au Roi et à la Régente. Ce cordonnier avait été battu par deux laquais de M. d'Ancre; et lui, étant allé porter plainte aux quarteniers du faubourg, on les pendit. Cet acte arbitraire, exécuté par le peuple, sur les gens du favori de la Régente, attestait le mépris qu'il faisait de sa puissance.

Le vieux duc de Sully, quoique disgracié, ne put voir froidement ce premier coup de l'anarchie; il demanda audience à Marie de Médicis, et, le soir même, il fut introduit près d'elle.

— C'est certainement une bonne fortune pour la cour, que d'y voir M. de Rosny, dit la Reine en l'apercevant : vous devenez trop rare, mon vieil ami.

Et la Reine appuya fortement sur ces derniers mots.

— Par la croix de Dieu! madame, répondit le loyal Sully avec brusquerie, si tout le monde qui s'y trouve vous ressemblait, je ne voudrais pas d'autre habitation que votre antichambre : au moins vous pourriez vivre sans tant de soucis. Mais j'ai à parler en secret à votre Majesté; ces muguets de courtisans sont de trop.

Il s'écoula près d'une heure avant que la Reine, pour ne pas froisser les convenances, pût enfin se trouver seule avec Sully. Pendant ces conversations futiles des dames, et de quelques jeunes seigneurs qui venaient protester de leur dévouement, le vieux duc battait du tambour sur la table avec ses doigts. — C'était, dit le maréchal d'Estrées en ses Mémoires, l'habitude de Sully pour exprimer son mécontentement.

La Reine-mère quitta le ton enjoué avec lequel elle recevait les seigneurs; sa physionomie devint plus sombre lorsqu'elle s'approcha de son ancien ministre.

— Eh bien, monsieur de Rosny, sans doute je suis menacée de quelque malheur : les hommes de votre caractère ne se font courtisans qu'à l'heure où leurs souverains sont en péril. Aussi, quoique des circonstances m'aient forcée à vous éloigner des affaires, vous êtes l'homme de mon royaume que j'estime le plus.

— Ces paroles-là, madame, dit le vieux Sully avec émotion, valent l'épée de connétable ; mais daignez m'écouter : M. le Prince est à peine de retour ici, et déjà tout semble n'obéir qu'à lui. La populace, cette canaille insolente qui désire toujours le changement, sans s'occuper si elle y gagnera, s'agite dans ses quartiers fangeux ; on méprise vos plus grands serviteurs, bientôt on se refusera à payer le taillon. Les choses ne peuvent durer ainsi encore une semaine, madame. Par la croix de Dieu ! vous êtes la Reine ! L'autorité est prête à tomber entre les mains de M. le Prince, eh bien ! que les vôtres la ressaisissent avec plus de vigueur que jamais. Deux grandes puissances ne peuvent ainsi marcher côte à côte sans se heurter ; que la vôtre soit celle qui dépasse l'autre, mort de Dieu ! les grands et le peuple sont pour M. de Condé ; effrayez les uns, et imposez silence à l'autre. M. de Longueville ne se contente pas de son gouvernement de Picardie, il veut toujours guerroyer; lancez un édit qui le déclare rebelle au Roi, félon et coupable de haute trahison; puis envoyez MM. Descures et de Bassompierre, avec une armée, l'assiéger dans Amiens. La rebellion est moins audacieuse quand il y va de la tête! croyez-en ma vieille expérience. N'est-ce pas aussi une chose inouie que de voir M. d'Ancre forcé de quitter Paris, parce que votre autorité est insuffisante pour le protéger! Cela m'effraie, madame, et je vous avoue avec peine *que j'aimerais mieux voir vos enfans et vous avec mille chevaux, à la campagne, que dans le Louvre, vu l'exaspération des esprits, de la noblesse et du peuple.* Pourtant, quoique je sois en disgrâce, si cent bons gentilshommes, et le vieux Sully à leur tête, peuvent être de quelque secours à votre Majesté, tous se feront tuer pour votre bon plaisir : — mes cheveux blancs et mes blessures ne m'empêcheront pas de tenir une épée de bataille, et quand vous crierez au nom du Roi et de la Reine ! cinq cents cavaliers répondront : Rosny !

Le vieux seigneur était beau de dignité et d'enthousiasme ; la Reine versait des larmes, de celles-là qu'on ne peut qualifier — des larmes de joie mêlée à la douleur.

— Vos nobles paroles et votre dévouement me donnent des remords, dit la Reine en serrant la main du vieillard. — Mais vous ne me donnez pas un conseil pour frapper le colosse à la tête !... La popularité de ce Condé me torture ! qui sait jusqu'où peut aller le peuple, quand la digue est rompue ; je ne sais plus à quelle détermination m'arrêter ; je suis en proie à toutes les angoisses... « je fais de grands biens à un chacun, et mal à personne. » O mon Dieu ! pourquoi ne me laissent-ils pas vivre en paix avec mes enfans, je leur ferais plus de sacrifices encore. Avant toutes choses, je dois penser que je suis mère. Voyez, mon cher Sully, avisez un bon conseil qui nous sorte tous de ce dangereux écueil.

Rosny se retira.

— Voilà un noble cœur, pensa la Reine ; je peux compter sur lui : aussi, de cette heure, ma résolution est déterminée. Il faut que la puissance du sceptre reste entre mes mains.

Le prince de Condé reparut alors à la cour avec plus d'éclat qu'auparavant, pour y recommencer ses brigues. Marie de Médicis voulut châtier ses insolences et se débarrasser d'un ennemi si audacieux. Le jour fut pris pour l'arrêter.

L'évêque de Luçon était au Louvre ; la Reine l'envoya chercher.

— Cette après midi, votre présence ici sera nécessaire, lui dit-elle ; MM. de Bassompierre et de Thémines sont prêts. Le prince a quitté l'hôtel de Condé il y a une heure pour n'y plus rentrer....

— Quoi ! s'écria Richelieu avec frayeur, sa mort est-elle donc résolue, madame ?

— Non, non, rassurez-vous ; mais demain, M. le Prince sera à conspirer dans les murs de la Bastille. J'ai trop souffert jusqu'à ce jour : la mesure est comblée.

Richelieu eut peine à contenir son émotion ; et, quelques instans après, la maréchale d'Ancre étant venue chez la Reine, il profita de cet incident pour se retirer.

Un quart d'heure s'était à peine écoulé, qu'il était chez M. de Luynes.

VII

Le Délateur.

> — Il y a des événemens extraordinaires dans la vie qui prouvent que le délateur peut marcher de pair avec l'assassin.
>
> (*La Marquise de Charny.*)

— Je vais donc enfin ressaisir ma puissance passée, dit la Reine à la maréchale d'Ancre... Mais Thémines et Bassompierre tardent bien à arriver!

— Et M. de Richelieu, demanda la maréchale, quelle détermination a-t-il prise? Ce prélat a l'esprit si plein de ressources, qu'on ne sait jamais quel parti il sert.

— Il est mal disposé pour le maréchal, reprit la Reine; mais il m'aime; il ne connaît pas Luynes, qui professe pour lui assez de haine et de mépris; il sait que le prince de Condé va tomber de sa royauté d'un jour; il a trop d'esprit pour s'attacher à ce personnage; il veut le chapeau de cardinal; et, tant que je n'aurai pas satisfait cette ambition, il sera à moi. — C'est un homme que j'aime, Léonora; je veux le combler de biens; je le réconcilierai avec M. d'Ancre.... Mais Thémines ne vient pas!

Il était alors près de huit heures du matin. M. de Thémines se fit annoncer.

— Ah! je vous attendais avec impatience, lui dit la Reine : le conseil va s'ouvrir; allez dans l'antichambre, mon vieux et fidèle serteur. Avez-vous de braves gens avec vous, monsieur de Thémines ?

— J'ai mes deux fils, madame.

La Reine lui donna sa main à baiser; puis il se retira.

Marie de Médicis, quoique entourée de sujets dévoués, avait l'âme pleine de mortelles inquiétudes. C'était son existence de Reine qu'elle jouait. La moindre indiscrétion pouvait lui faire perdre la partie, et, une fois le prince hors de Paris, il avait des chances pour obtenir la couronne de France. Enfin Bassompierre, Mangot et Barbin arrivèrent.

— Soyez les bien-venus, Messieurs, dit la Reine. Où sont les Suisses, Bassompierre ?

— A la porte du Louvre, madame; et si vous préférez me faire rester près de la personne de votre Majesté, le colonel Galatis les commande, et je vous réponds de cet homme comme de moi-même.

— Prenez place sur les siéges, Messieurs,

reprit la Reine : allons, Léonora, faites les honneurs aujourd'hui.

— Que ferez-vous des Gardes-Françaises, madame ? demanda Bassompierre.

— C'est cela qui m'inquiète, dit Marie : je crains que M. de Créqui, leur commandant, ne soit gagné par M. le Prince.

— Rassurez-vous, madame, répliqua Bassompierre : le maréchal se ferait tuer pour le service de vos Majestés.

— Alors, envoyez-le chercher, ainsi que M. de Saint-Géran, commandant les gendarmes du Roi. Je me fie à toi, mon ami Bestein ; le Roi te veut du bien, *li honori, li beni, li carichi* ne te manqueront pas (1).

En ce moment, on entendit un grand bruit sur le quai, près la porte du Louvre. Marie fit garder le silence à ses courtisans, et des cris bien distincts arrivèrent jusqu'à l'appar-

---

(1) C'étaient les expressions familières de Marie de Médicis.

tement : vive monsieur le Prince ! Vive monsieur de Condé !

La maréchale d'Ancre se mit à la fenêtre.

— C'est M. le Prince qui vient au Conseil, dit-elle.

La Reine alla aussi pour le voir ; et, remarquant autour de lui une multitude immense qui l'accablait de placets, elle s'écria, avec une raillerie amère :

— « *Voilà maintenant le Roi de France ; mais sa royauté sera comme celle de la fève ; elle ne durera pas long-temps.* »

« Sur cela, dit le maréchal de Bassompierre en ses Mémoires, la Reine nous envoya à la porte du Louvre, M. de Créqui et moi, pour faire prendre les armes aux gardes; ce que nous fîmes ; et cependant elle envoya quérir M. le Prince. »

Puis le Roi et Monsieur, Gaston d'Orléans, que la Reine avait fait avertir, étant arrivés, tous les trois entrèrent dans le petit cabinet (1)

— Mes chers enfans, dit la Reine avec son amour de mère, priez Dieu qu'il nous soit toujours en aide. Louis, vous allez enfin régner ! Dans une heure, le Prince sera à la Bastille.

— C'est peut-être mal ce que vous faites, ma mère, repartit le Roi avec cette hésitation qui le caractérisa si malheureusement durant tout son règne : Luynes m'a dit que la personne de M. le Prince devait être inviolable ; mais puisque vous le voulez, ma mère, je le veux aussi.

— Votre Luynes vous perd, mon fils. N'oubliez pas que M. le Prince a pour lui la populace, et que la populace a disposé de plus d'une couronne.

— Peut-être avez-vous raison, ma mère, repartit Louis avec nonchalance.

— Oh ! pourquoi n'ai-je pas encore la force

---

(1) *Histoire de la Mère et du Fils*, par le cardinal Richelieu.

de porter une grande épée! s'écria le jeune Gaston d'Orléans avec enthousiasme : vous me feriez votre lieutenant-général, mon frère, et je vous répondrais de la tranquillité de votre royaume!

— J'entends des bruits de pas dans la galerie, dit le Roi en pâlissant...; un cliquetis d'épées!... des cris!... Oh! ne le faites pas assassiner, ma mère!... je ne veux pas qu'on me traite à l'égal de Henri III!...

— Prenez patience, dit la Reine en entr'ouvrant la porte : voici d'Elbène qui vient.

§ I.

Richelieu quitta la Reine, sa bienfaitrice, avec des pensées indignes du caractère sacré dont il était revêtu. Son esprit plein de finesse lui ayant fait discerner de quel côté la faveur commençait à poindre, il résolut de tout fouler aux pieds pour arriver au faîte de son ambition.

Luynes était aussi un homme d'esprit, intrigant, mais doué d'une intelligence ordinaire. Les grandes difficultés l'effrayaient. L'évêque de Luçon avait compris tout cela au premier coup d'œil, et il résolut de mettre à profit cette profonde analyse.

Pour mieux cacher ses desseins, il alla déposer sa longue robe violette et se vêtit d'un habit de cavalier; puis, ayant traversé les galeries des étages supérieurs, il se fit introduire chez le favori.

Luynes ne parut aucunement surpris de ce travestissement. Ce n'était pas sans doute la première fois que Richelieu lui rendait des visites, quoique la Reine mère eût assuré à la maréchale d'Ancre que l'évêque de Luçon ne le connaissait pas. Richelieu les trompait tous: il voulait se faire jour jusqu'à Louis XIII.

Une conversation à voix basse s'engagea entre l'évêque de Luçon et le jeune favori. — Il était aisé de voir, à l'air contrit et à moitié suppliant de l'évêque, en opposition avec la figure railleuse de Luynes, qu'il s'agissait de hauts intérêts pour Richelieu. C'est qu'il demandait en effet *le salaire de ses importans services.* Le chapeau de cardinal, disait-il, serait l'apogée de sa gloire.

— Vous êtes ambitieux, monsieur de Luçon, repartit Luynes; à peine avez-vous l'âge voulu pour porter la thiare, que déjà vous demandez la pourpre. C'est trop, c'est beaucoup trop.—Cependant, j'ai de nouveau parlé de vous au Roi, je l'ai disposé en votre faveur; et, si des services militans comme ceux que vous avez déjà rendus viennent appuyer ma voix, je ne doute pas que sa Majesté ne comble vos désirs et sollicite de sa main, pour vous, la dispense du Saint-Père.

Le rusé Richelieu fixa ses regards sur Luynes avec assurance : il crut lire sur ses traits une raillerie moqueuse dont il résolut de se venger.

— Eh bien ! reprit Luynes, que pense la Reine-mère de l'éloignement de Concini, du soulèvement des bas quartiers ? C'est une rude besogne, j'espère : son esprit actif ne doit pas se plaindre.

— Comment voulez-vous que je vous fasse une réponse ? dit Richelieu avec le ton du découragement ; vous oubliez toutes vos promesses à mesure que mon zèle augmente....

Ces derniers mots forcèrent Luynes à réfléchir.

— Au fait, monsieur de Luçon, je vous ferai donner quelque riche bénéfice vacant... une abbaye en Touraine ou en Normandie. Je ne vous offre pas d'argent ; les princes ont absorbé les finances.

— Ces temps-là ne reviendront plus, repartit Richelieu avec la plus grande insouciance.

— Que voulez-vous dire ? s'écria Luynes avec curiosité.

— Je dis que, demain, les princes ne recevront plus de pensions.

— Et pourquoi cela, monsieur ?..... Mais

vous me célez une autre pensée..... Qu'y a-t-il ? qu'a-t-on résolu qui me soit ignoré ?

— Je ne sais..... rien.....

Richelieu fut arrêté par un remords. Le secret de la Reine était comme la clef de voûte du royaume. Il songea à le taire, peut-être moins pour Marie que pour se venger de Luynes; car il avait cette pensée dans le cœur : que le secret et le repos de sa bienfaitrice ne valaient pas le chapeau de cardinal.

Mais Luynes devint plus pressant; à son tour, il s'abaissa jusqu'à supplier; il promit de faire consentir le Roi.

— Eh bien ! dit Richelieu, qui s'applaudissait intérieurement des inquiétudes de Luynes, si l'on s'occupait à chercher un moyen qui réduisît à néant les menées de MM. les princes ? si, dans l'avenir, on les mettait dans l'impossibilité de rien faire contre la Régente ?

— Expliquez-vous, de grâce ! s'écria Luynes avec force en frappant le parquet; dites ! dites !

— Si la liberté des princes était menacée? repartit l'évêque de Luçon.

Luynes devint pâle d'effroi.

— Je serais perdu! répliqua-t-il; la Reine n'ayant plus que moi à combattre, aurait recours à son ascendant de mère, et la nature parle avant l'amitié; sa voix pénètre jusqu'au fond des entrailles, — je serais perdu, monsieur de Richelieu! J'ai intérêt à ce que ces deux grandes puissances soient continuellement opposées l'une à l'autre, et quand je les aurai usées à force d'intrigues et de luttes opiniâtres, je serai assez fort pour anéantir ce qui en restera! Mais la Reine-mère aurait-elle eu cette pensée, mon ami?

— Elle a été plus loin, monsieur de Luynes..... Mais ce que je dis est mal..... vous ne pouvez en savoir davantage.

— Par la messe! ne vous jouez pas de moi, Richelieu!..... Dites, qu'a-t-on résolu, mon bon ami? Je vous présenterai au Roi, vous lui ferez vous-même votre demande..... Mais, par mon épée! dites-moi ce que veut la Reine!

— Je ne le puis...... Non..... vous ne devez pas savoir......

— Enfer! Tu me tortures comme un démon, Richelieu! Richelieu!. ce secret. Oh! il y va de ma vie peut-être!... Maudit! Eh bien!... tu seras cardinal.... ton secret!!

— Ah! fit Richelieu. — Eh bien, dans une heure..... Mais vous me jurez de m'introduire près du Roi?.....

— Oui, s'écria Luynes.

— Vous vous emploierez pour me faire avoir le chapeau de cardinal?......

— Oui, te dis-je!...... mais achève, par la mort!.....

— Eh bien! reprit l'évêque, quand M. de Condé entrera au conseil, la Reine le fera arrêter.....

— Arrêter! mais cela n'est pas possible!... on n'osera point.

— On l'osera, vous dis-je.

— Quel est celui à qui on a confié cette mission ?

— Je l'ignore..... J'ai entendu nommer à plusieurs reprises Bassompierre ; mais je ne puis affirmer que ce soit lui.

— Par la messe ! c'est affreux cela, s'écria Luynes ; il n'y a pas un instant à perdre... Et vous m'assassiniez mot à mot depuis une heure ! Je cours chez le Roi : il faut que cet ordre soit révoqué... C'est mon destin qui se joue aujourd'hui. Attendez-moi,..... *cardinal!*

Il s'élança dans la galerie. Un gentilhomme allant au Conseil faillit être renversé par lui.

— Ah ! c'est toi, Thianges ; cours avertir le prince qu'il sorte du Louvre, s'il en est temps encore ; on va l'arrêter.

— Je le sais, dit Thianges ; et j'y vais par ordre de M. de Mayenne.

Puis, Luynes entra chez le Roi.

Louis XIII était depuis long-temps descendu chez la Reine.

Luynes se vit dans une position affreuse. Il

revint trouver Richelieu. Au même instant, des cris retentirent dans le Louvre ; les portes se fermèrent avec violence : le Prince était arrêté.

— Il n'y a plus que la Reine et moi ! dit Luynes avec rage.

Thianges avait averti M. de Condé, qui méprisa son avis. Alors, comme il franchissait la première salle du conseil, M. de Thémines s'avança vers lui avec le marquis de Thémines et le baron de Lauzière, ses deux fils ; et comme le Prince voulut faire quelque résistance, les deux gentilshommes lui saisirent les bras, et on lui prit son épée.

Le Prince crut qu'on en voulait à sa vie ; il dit à Thémines :

— « Vous pouvez dire à la Reine qu'elle ne « m'a prévenu que de trois jours ; si elle avait « attendu davantage, le Roi n'aurait plus eu « de couronne sur la tête (1). »

---

(1) Mémoires du cardinal de Richelieu, manuscrit du ministère des affaires étrangères.

Puis, on emmena le prince par les petits escaliers jusqu'aux étages supérieurs du Louvre, où on l'enferma dans une chambre grillée. Il y resta quelque temps sous la garde de M. de Thémines; après quoi, Bassompierre et le vieux marquis le transférèrent à la Bastille.

La Reine-mère était dans un accès de joie difficile à décrire. Elle embrassait le Roi, son Gaston d'Orléans, la maréchale d'Ancre; elle croyait alors à un avenir de bonheur. Tous les grands seigneurs la félicitaient, tous vantaient son courage et son génie.

La crédule et confiante Marie leur souriait pour les remercier de leurs paroles; elle parcourait la grande salle du Louvre, où tous ces seigneurs causaient de l'événement de la journée. Elle arriva devant Thémines.

— Tenez, Sire, dit-elle à Louis XIII, qui marchait à ses côtés, voici ce brave M. de Thémines : il nous a délivrés du danger, ne ferez-vous rien pour lui? il n'est pas maréchal de France.

— Salut, maréchal, dit le Roi; dans une heure, j'en signerai le brevet.

Le vieux Thémines s'inclina, et remercia le Roi.

Plusieurs seigneurs murmurèrent, entr'autres Montigny, lequel, le même jour, en venant à Paris, avait prêté ses chevaux frais à M. de Vendôme qui s'enfuyait.

— Sire, dit la Reine, M. le comte de Montigny a long-temps servi votre père avec dévouement : vous lui devez aussi quelque chose.

— M. de Montigny sera maréchal, dit Louis XIII.

— Il paraît qu'il ne s'agit que de crier comme un perroquet pour avoir la curée, dit Saint-Géran à mi-voix au marquis de Créquy : crions donc.

— De tout cœur, reprit le marquis.

Et Saint-Géran *extorqua* un brevet de promesse de maréchal, tandis que M. de Créquy, qui l'était déjà, eut un brevet de duc et pair.

— Voyez-vous tous ces corbeaux? s'écriait

Bassompierre en riant : regardez, monsieur de Montmorency, il ne leur manque que la corbeille aux œufs pour ressembler aux clercs de la mi-carême. Pardieu ! les courtisans sont bien vils.

— Criez moins fort, Bassompierre, reprit M. de Montmorency, voici le Roi et la Reine.

Marie de Médicis échangea un coup d'œil indescriptible avec le fils du grand et célèbre connétable; puis elle adressa la parole à son ami :

— « Eh ! Bassompierre, tu ne m'as rien de-
« mandé comme les autres ?

— « Madame, répondit Bassompierre, ce
« n'est pas à cette heure, que nous n'avons
« fait que notre devoir bien simplement, de
« demander récompense ; mais j'espère que
« quand, par de grands services, je l'aurai
« mérité, le Roi me donnera des biens et des
« honneurs sans que je les lui demande (1). »

---

(1) Mémoires de Bassompierre.

L'évêque de Luçon se trouvait aussi parmi les seigneurs : la Reine lui adressa des paroles de bonté, et le remercia de son empressement à venir, comme tant d'autres, la féliciter de l'heureux accomplissement de son grand projet. L'artificieux évêque baissa les yeux et balbutia quelques mots; car son cœur n'était point encore endurci dans le crime, et il ne se croyait pas assez de force pour supporter sans pâlir le regard de la Reine.

Puis, Marie de Médicis et ses enfans s'étant retirés dans le cabinet royal, un huissier vint crier à voix haute qu'un grand conseil public se tiendrait le soir au Parlement.

VIII

L'Émeute et la Séance du Parlement.

Une rue de Rome.
Une troupe de plébéiens mutinés paraît armée de bâtons et d'autres armes.
PREMIER CITOYEN.
Eh bien! vous savez que Caïus Marcius est le plus grand ennemi du peuple?
TOUS ENSEMBLE.
Nous le savons, nous le savons.
PREMIER CITOYEN.
Tuons-le... Est-ce une chose arrêtée?
TOUS.
Oui; n'en parlons plus : courons l'exécuter.
(SHAKSPEARE, *Coriolan*.)

La populace de Paris murmurait. La grande capitale renfermait encore bon nombre de ligueurs, dans l'esprit desquels la pacifique administration de Henri IV et la régence de

Marie de Médicis n'avaient pu effacer le souvenir des *barricades*, le despotique pouvoir des Seize, et la licence effrénée qui régnait à leurs honteuses processions. — Saturnales infâmes, rappelant les sacrifices des dames romaines à l'autel de la Pudicité, les impuretés des jeux Mégalésiens racontés par Juvénal, et l'orgie qui termina les noces d'Isabeau de Bavière!

Une foule immense affluait vers le Louvre. La nouvelle de l'arrestation de M. de Condé s'était répandue avec la rapidité de la nue que le vent chasse devant lui : on entendait du côté du Pont-Neuf des cris, des chansons, des huées; et souvent des têtes hideuses surgissant de cette multitude frénétique, insultaient par de grossiers quolibets, ou jetaient des pierres aux gens de qualité qui venaient du Louvre enfermés dans leurs carrosses.

— Est-il bien vrai, maître Jérôme, s'écria une petite vieille femme couverte d'une mauvaise mante, est-il bien vrai que M. le Prince ait été pris?

— Que trop vrai, la vieille, répéta Jérôme, gros personnage de cinq pieds, à face rubiconde et bourgeonnée, portant un bout de livrée bleue et rouge; car Jérôme était le portier de la maison des jardins de M. le Prince.

— Pourvu qu'ils ne l'aient pas tué, les scélérats! reprit la vieille femme : c'est ce gredin de Juif, ce Conchine maudit qui en est cause, le coquin!

— Qu'est-ce qu'a prononcé le nom de Conchine? demanda brutalement un homme de la foule.

— C'est moi, dit la vieille femme, et je dis que c'est un infâme brigand. Faire arrêter notre grand M. le Prince!

— C'est bien dit, la vieille femme, répéta l'homme à la figure sinistre. — Mort au Conchini!

— Oui, répétèrent mille voix en hurlant, mort au Conchini!...

— On attaque les droits du peuple, mes amis, reprit l'homme dont la tête dominait la foule ; nous n'avions qu'un grand seigneur avec nous pour nous protéger ; et on le fait prisonnier.

— Nous le délivrerons !

— Oui, s'écria Jérôme en se haussant sur le bout des pieds ; oui, mes braves gens, il faut le délivrer....... Qu'il soit libre à l'instant même, ou mettons le feu au Louvre !

— Où est-il celui-là qui parle de mettre le feu à notre Louvre ? dit un ouvrier qu'à ses habits souillés de chaux et de mortier, on reconnaissait pour un maçon ; le Luxembourg, tant que vous voudrez, parce qu'il est bâti par la reine Marie ; mais le Louvre, gare à celui-là qui soufflera les tisons !

— Eh ! dis donc, Jacques Christophe, s'écria une femme des halles, ne v'là-t'il pas que c'thomme, qui ressemble à un sac de pois verts, nous appelle *ses braves gens ?*

— Oui, oui, répétèrent à la fois une vingtaine de voix d'hommes et de femmes, il a dit ça !

— C'est un coquin !

— C'est un espion !

— C'est un ordinaire du Conchini !

— C'est l'amant de la Galigaï !

— C'est un sorcier !

— Non ; c'est le saute ruisseau du *Moussour d'Ancre* quand il était garde-notes !

— C'est un mauvais Italien !

— A l'eau, l'espion ! à l'eau.

— Il veut parler, s'écria le grand batelier à la figure sinistre : écoutons-le.

— Oui, ajouta la femme des halles ; écoutons ce tonneau habillé en homme, et à nos frais encore.

— Un cercle, dit le maçon, et au milieu !

En un clin d'œil, le malheureux portier fut lancé comme une boule par cent bras robustes dans l'enceinte qu'on venait de lui faire.

— Par pitié, mes maîtres! criait-il.

— Ah! tu ne nous appelles plus *tes gens*, dit la femme des halles.

— Il nous appelle ses maîtres. — Ah! flatteur d'Italien, ajouta un gamin de la Cité.

Et le gamin lui montrait sa jaquette trouée.

— Mais ce brûleur de Louvre a un habit galonné, s'écria le maçon. — C'est un gentilhomme du Conchini!

— Tu ne sais donc pas, reprit le maçon avec une raillerie cruelle, que ce Louvre que t'aperçois là, tout auprès, a été bâti par des rois catholiques, et habité par des rois catholiques; par notre grand Charles neuvième encore! Et du temps de la sainte Ligue (que Dieu bénisse et qu'il nous renvoie), quand ce maudit frocart de Henri III, de sale mémoire; n'est-ce pas, vous autres, que j'dis bien?

— Oui, oui, gloire à saint Jacques Clément, le bienheureux martyr!

— Quand ce Henri III eut quitté notre bonne ville de Paris, à nous autres peuple, et qu'il eut senti les horions et les pistoletades des soldats de l'Union, eh bien! notre Louvre ne fut-il pas habité par les braves magistrats du peuple, par le grand duc de Mayenne, général nommé par les Seize? Donc, pour avoir voulu brûler le Louvre, ce chef-d'œuvre de la maçonnerie, compère, tu dois être un huguenot! Que dites-vous de cela, vous autres?

— Jacques Christophe a raison, dit la femme des halles, ce sac de pois verts est un huguenot.

— A l'eau le huguenot! crièrent les voix de la foule.

Et le gamin de la Cité beuglait :

> Tu m' diras mon homme
> Quand tu f'ras l'plongeon
> Si l'on fait bon somme
> Avec le poisson,
> Et si l'diabl' ton maître,
> C'grand et infâm' traître

>   Qui fut ton parrain,
>   Te prêt'ra sa femme
>   Pour guérir ton âme
>   D'son immens' chagrin !

— A l'eau ! dit le gamin ; et il reprit sa chanson :

>   Seigneur huguenot
>   Nous t'ferons largesse,
>   Viv'Dieu ! par la messe !
>   Tu boiras de l'eau !

— Je suis bon catholique, messieurs et mesdames, hurlait le malheureux portier ; je ne suis pas Italien, je suis de Falaise, en basse Normandie.

— Allons, ton nom ? s'écria la femme des halles.

— Je m'appelle Joseph, dit le malheureux portier, qui était bâtard.

— Et puis après, c'est pas assez que Joseph ! reprit la dame harengère.

— Je n'en ai pas d'autre, dit-il en tombant à genoux.

— Ha, ha, s'écrièrent-ils tous, c'est un huguenot, un espion! A l'eau!

— Ecoutez encore, repartit le grand batelier, plus je regarde cet homme, et plus je vois que c'est un traître. — Il porte une livrée; y a du rouge comme dans celle du Conchini. A quoi pensais-tu donc, mal avisé, quand tu venais au milieu de nous avec une livrée? La livrée avec le peuple, c'est comme le bon grain avec l'ivraie; c'est nous faire voir qu'il y a des nobles, et que ces nobles sont nos maîtres. Des maîtres au peuple, après la Ligue, et quand il reste à notre parti des gens qui portent les noms de Guise et Mayenne!

— A l'eau le huguenot!

— Hélas! mes bons messieurs, s'écria le pauvre Joseph, regardez ma livrée, je suis domestique de M. le Prince.

— Ohée! les autres, il dit qu'il est valet de M. le Prince.

— Allons, c'est trop attendre, s'écria un petit homme trapu qui s'était rendu fameux par ses assassinats sous la Ligue, les archers de la Reine-mère peuvent venir nous surprendre, et grâce à ce maudit espion, nous serions tous pendus.

— Le compère a raison ; à l'eau l'espion, dit la harengère.

— A l'eau l'époux de madame d'Anère, à la mode de Bretagne !

— A l'eau le réprouvé !

Et une vingtaine d'hommes, de femmes, d'enfans saisirent le malheureux Joseph par les bras, les jambes et la tête; puis, le balançant avec mesure pour le jeter plus loin, ils le lancèrent par-dessus le parapet...

On achevait alors le Pont-Neuf ; quelques crochets de fer étant restés fichés dans les interstices des pierres, afin de soutenir les échafaudages des sculpteurs, le malheureux Joseph resta accroché suspendu sur l'abîme.

— Oh ! oh ! s'écria le peuple féroce en battant des mains, prie Dieu que la corde de ton pourpoint soit bonne, car tu ne tarderas guère à danser la danse en plein air, sans rien sous les pieds.

— Et si tu es Normand, camarade, ajouta le batelier, tu pourras presque te croire dans un tonneau de cidre.

— Oui, on dit que l'eau de Seine est bonne, ajoutait un autre.

— Et tu enverras ton âme nous dire, s'écria le gamin, si le peuple n'est pas généreux quand il paie à boire ! il donne à discrétion.

— Bravo !

— Ecoutez-le, s'écria le gamin, ce monseigneur est inspiré ; il parle comme un oracle au milieu des nuages. Ne trouvez-vous pas, vous autres, qu'il ne lui manque que des ailes pour ressembler à un ange ?

En ce moment la voix du pauvre portier arrivait bien distincte.

— Je suis le portier de M. le Prince, disait-il : pour l'amour de Dieu et de la Vierge, regardez, son chiffre est brodé en or sur mon pourpoint.

— Au fait, dit une voix de la foule, si c'était vrai, ça serait atroce... il faut s'en assurer.

— Oui, oui, oui.

— Laissez-le, s'écria la dame des halles, s'il tombe ça lui servira de bain.

— Allons, sauvons-le, dirent l'homme et le batelier ; il est à M. le Prince.

Il avaient aperçu et reconnu les deux CC. Comme ces deux artisans escaladaient le parapet pour s'appuyer sur l'étroite galerie qui longe le pont, on entendit un déchirement sec : — le pourpoint du malheureux cédait...

Alors, cette foule qui tout à l'heure voulait sa mort, était là, haletante, penchée sur l'abîme, suivant avec un cruel paroxisme les mouvemens de cet homme suspendu sur le fleuve : le pourpoint cédait toujours.....
Le craquement se renouvelait par instans ; il n'y avait plus qu'un léger pan d'étoffe, le batelier et l'autre homme arrivaient.....
Enfin, tout se brisa... L'infortuné, en voyant le dernier pouce de serge se resserrer, s'amin-

cir, rassembla toutes ses forces, et s'accrocha de la main à une pierre en saillie.

— Tenez bon! s'écria l'homme.

— Courage! disait le batelier.

— Je n'en puis plus, gémissait le malheureux!... Je n'ai pas une minute à vivre.... baissez-moi vos bras... je meurs!...

Il se tordait, il se collait à la pierre, il s'y attacha avec ses dents....

Enfin, le robuste batelier parvint à le saisir par les cheveux; mais Joseph était si gros, si pesant, que le batelier s'aperçut de l'insuffisance de ses forces; il chancela....

— A mon aide! s'écria le batelier d'une voix palpitante; à mon aide!

Plusieurs hommes sautèrent sur le parapet; ils formèrent une chaîne; et, grâce à tant de bras, le batelier et Joseph furent bientôt hors du péril qui les menaçait.

Mais tant d'émotions avaient brisé le malheureux; il tomba évanoui sur les dalles du pont.

Alors ce furent des soins, des bontés de la part de cette foule barbare qui avait failli l'assassiner; puis, des murmures arrivèrent jusqu'au cercle qui entourait le portier, et l'on entendit bien distinctement le cri : — Aux armes ! aux armes !

— Qu'y a-t-il ? s'écria-t-on de toutes parts.

— C'est madame de Nemours ! c'est madame de Nemours !

— La mère de M. le Prince ? s'écria le batelier.

— Et tous ôtèrent leurs bonnets en criant : Vive madame de Nemours !

— Aux armes ! mes bons amis, dit-elle; aux armes (1) ! — Savez-vous qu'on nous joue encore? Ce n'est pas le Roi qui nous gouverne, c'est la faction des étrangers ; ce

---

(1) Madame de Nemours vint jusqu'au milieu du Pont-Neuf après l'arrestation de son fils, criant de toute sa force *aux armes !* mais le peuple ne bougea pour elle, et préféra s'en aller mettre le feu à l'hôtel du maréchal d'Ancre.

(*Manuscrit du cardinal de Richelieu.*)

sont les Juifs de Florence, ce mauvais Italien, dont je n'aurais pas voulu pour valet! sa femme, une servante! et tout cela vous gouverne, vous, peuple de Paris! vous qui avez fait les barricades! vous qui avez défendu la capitale contre les huguenots! vous, le plus brave peuple de la terre.... et vous souffrirez cela plus long-temps? Savez-vous ce qu'ils m'ont fait à moi, pauvre mère?... Eh bien! ajouta-t-elle en fondant en larmes, ils ont arrêté mon fils.... qui sait? Concini l'a peut-être fait assassiner! oui, mes braves gens, assassiner! M'abandonnerez-vous cette fois? Ne vous souvient-il plus des services rendus au peuple par notre famille? Les Mayenne, les Condé, les Conti, tous sont les amis de votre cause! — Et mes frères de Lorraine, le cardinal et le grand-duc de Guise! Vous aviez pourtant promis de les venger : eh bien! resterez-vous insensibles aux larmes d'une mère? C'est votre dernière espérance que M. le Prince : le laisserez-vous assassiner, s'il ne l'est pas encore, ou bien, s'il est mort, ne crierez-vous pas avec moi : Vengeance !

— Oui, s'écrièrent quelques voix de la foule, vengeance !

— Aux armes ! mes amis, aux armes ! répéta madame de Nemours.

— Aux armes ! à la porte de Bussy, chez Picart, au carrefour Bussy !

Un cri furieux partit de la rue Dauphine, et l'on vit déboucher une centaine d'hommes déguenillés, bariolés, ayant des têtes hideuses, frénétiques, féroces.

— C'est Picart ! c'est Picart !

— Oui, dit un petit homme trapu, ayant la barbe et les sourcils épais ; oui, mes bons amis, j'ai amené avec moi l'élite de mon quartier, les plus braves de notre cause.

La populace, sachant là Picart le cordonnier, délaissa madame de Nemours, qui s'agitait en vain, en répétant : aux armes !

— On a arrêté M. le Prince, reprit Picart :

tout cela vient du Conchini; vengeons-nous de l'Italien.

— Et des armes! des armes! hurlait cette populace furieuse.

— Des armes! répéta Picart; les gens du peuple ne peuvent tenir contre les Suisses de la Reine-mère : eh bien! nous aurons des tisons à défaut d'épées; des tisons, et suivez-moi!...

— Où nous mènes-tu, Picart? demanda le batelier, qui venait de se procurer une torche.

— A l'hôtel du maréchal d'Ancre; et là, pillage et incendie!

La nuit commençait à s'abaisser; l'émeute s'éloignait, rugissant comme une lionne blessée qui nivelle sur son passage les joncs et les herbes qui hérissent les sables du désert. Chaque obstacle redouble sa furie; elle laboure, elle va, elle va!... Ainsi, de cette émeute populaire, tout, sur sa route désordonnée, fut empreint de mutilation. Les plus furieux enlevèrent les torches qui brûlaient dans les niches placées au-dessous des statues de la Vierge ; puis cette multitude s'engouffra dans les longues et étroites rues longeant l'hôtel de Nesle, et tout disparut, cris et hommes, — semblable au torrent de la montagne qui roule pendant une heure ses eaux mugissantes, et finit par abandonner son lit desséché au timide voyageur !

Pendant cette crise violente, Marie de Médicis, se livrant à la joie, attendait avec impatience l'heure de la séance du Parlement. Enfin, cette heure tant désirée sonna : plus de deux mille gentilshommes se trouvèrent aux Augustins ; on laissa aussi entrer le tiers-état, le bas peuple ; tout ce que la salle put contenir.

Puis, lorsque le Roi, la Reine-mère, Gaston d'Orléans, les grands seigneurs et les ministres furent arrivés, le maréchal de Brissac, chargé de présider, déclara que la séance était ouverte.

Jeannin, surintendant des finances, lut à

voix haute, au nom du Roi, la fameuse déclaration qui motivait l'arrestation du prince de Condé, dont nous donnons à peu près la substance :

DÉCLARATION (1).

« Pour acheter la paix, j'ai, par le traité le Loudun, accordé *audit sieur le Prince*, le domaine et le gouvernement de la Provence et des places du Berry, grande somme d'argent à l'un des grands qui suivoit son parti, le Taillon à l'autre, et de grands et inusités avantages à tous les particuliers sans lesquels on n'eût pu se mettre d'accord. — Donc ils étoient des traîtres, puisqu'ils avoient pris les armes.

« Que nonobstant toutes ces choses, ils avoient enfreint ledit traité, et non contens d'avoir en toutes façons foulé son autorité aux pieds,

---

(1) Manuscrit du ministère des affaires étrangères, Mémoires du cardinal de Richelieu.

avoient encore attenté sur la liberté de sa royale personne ; que tous ses actes de rebellion l'avoient obligée, non seulement pour la conservation, mais pour celle de l'Etat, d'arrêter M. le Prince, pour, par ce moyen, le retirer de la puissance de ceux qui l'eussent achevé de perdre s'il y fût davantage demeuré, ne retranchant pas tant sa liberté qu'ôtant aux mauvais esprits qui l'environnoient, la commodité d'abuser de sa facilité et de son nom.

« Néanmoins je déclare que je pardonne à tous ceux qui ont eu part à ses mauvais desseins, conseils et actions, pourvu qu'ils revinssent dans quinzaine en demander pardon à sa Majesté : comme aussi, elle vouloit que s'ils persévéraient en leur mauvaise volonté ils fussent condamnés comme coupables de lèse-Majesté. »

Plusieurs fois, durant le discours, un grand nombre de seigneurs du parti des princes, fit entendre de sourds murmures ; mais à la fin du discours des rumeurs plus violentes éclatèrent, il y eut une confusion, le jeune Roi se tourna vers Luynes, et regarda sa mère. Marie de Médicis était calme; sa belle figure annonçait cependant une légère anxiété; elle dit quelques mots à voix basse à MM. de Bassompierre et Saint-Géran qui s'éloignèrent; puis, ils revinrent aussitôt. Une compagnie de hallebardiers suisses vint se poster en silence sous les arceaux, et quand la Reine eut aperçu le fer de leurs lances, elle fit dire par le président Jeannin qu'elle voulait parler.

Le calme se rétablit peu à peu, et la voix pénétrante de la Reine fit entièrement cesser les murmures.

— Messieurs, dit-elle, comme Régente de France j'ai droit aussi à faire entendre ma voix dans cette enceinte. Depuis la mort de Henri-le-Grand, mon noble époux, c'est moi qui ai continuellement soutenu le fardeau de la couronne. Vous le savez tous, combien n'ai-je point eu d'obstacles à affronter, d'intrigues à déjouer, de périls à vaincre! La guerre civile de toutes parts, le danger à Paris, dans les provinces ; et, au milieu de toutes ces angoisses, de toutes ces appréhensions, j'avais mon amour maternel dans le cœur, j'avais à songer à la sûreté du Roi, à celle de mes autres enfans. — Car, messieurs, dans tant de circonstances difficiles, la Reine n'a jamais oublié qu'elle était mère. — Eh bien, si quelques-uns d'entre vous font entendre des plaintes, c'est moi qu'ils accusent, car le Roi mon fils m'avait investie de tous ses pouvoirs. Ce que j'ai entrepris, c'était toujours pour l'honneur et la prospérité de la France. — Si quelquefois je me suis trompée, mon erreur n'a jamais duré long-temps ; je me suis entourée de sages et de fidèles conseillers. (*Se tournant vers la noblesse :*) MM. de Villeroi et le président Jeannin ont été choisis par les plus nobles familles du royaume. (*Se tournant vers le clergé :*) le cardinal de Lavalette et l'évêque de Luçon-Richelieu sont mes conseillers. (*Fixant ses yeux sur les tribunes du tiers-état :*)

L'honnête Miron, prévôt de Paris, et Barbin sont admis à faire entendre leurs paroles en faveur du tiers-état. J'ai toujours rendu justice au peuple. (*Un grand nombre de voix partant des groupes du peuple entassé sous les colonnes :*)

— Oui, oui ; vive la Reine ! vive la Reine !

— Je n'ai point borné là ma mission de Régente, reprit Marie de Médicis avec plus de dignité encore, j'ai entamé et négocié avec succès l'alliance de mon fils avec l'infante d'Espagne ; l'Angleterre, cette vieille rivale, est devenue notre amie ; l'Allemagne tremble ; les princes d'Italie s'abaissent devant nos bannières !... Qu'ai-je donc fait, messieurs, qui ne soit pas en l'honneur de la France ? Et, quand des factions ont éclaté, m'a-t-on vue sévir avec une rigueur acharnée ? quelles concessions le Roi mon fils et moi n'avons-nous pas faites ? à l'un, des gouvernemens, à l'autre des titres, à l'autre des sommes énormes, à tous des charges, des honneurs ! Que fallait-il donc de plus, messieurs ? Et quand mon fils a accordé des lettres de grâce, on y a répondu par des cris séditieux, par des offenses, par des attentats à sa personne royale ! Il fallait sévir, messieurs, on l'a fait : alors, Dieu aidant, nous aurons la paix ; la France sera toujours la grande nation, et puisqu'un seul homme était nuisible au repos de l'Etat, nous avons résolu qu'il irait expier ses fautes à la Bastille.

Les murmures recommencèrent avec plus de force qu'après le discours du Roi. Le visage de Marie s'animait, ses yeux étincelaient ; on voyait la colère et l'indignation sur tous ses traits ; puis, ce fut la fureur montée à son dernier paroxisme ; sa bouche écumait, ses dents claquaient, et, frappant du poing sur la galerie, elle s'écria d'une voix menaçante :

— *Veramente !* c'est donc une révolte éternelle que vous voulez, Comtes et Barons ! quand la paix vous est offerte large et généreuse, désirée comme le calme après la tempête, vous la rejetez. Croyez-vous que la voix ne vaille pas mieux que l'épée ? Eh bien! soit, si la voix n'est point assez forte, on se servira de l'épée! La clémence, poussée à ses dernières limites, décèle la faiblesse. Nous ne voulons pas qu'on nous croie ni faible, ni lâche ! Vous m'avez jeté un défi amer, je le relève ! Au nom de mon fils et de ma dignité offensée, je déclare la guerre à la rebellion; la guerre aux factieux qui dévorent la France; j'appellerai à mon secours le peuple, et le peuple soutiendra la cause de ses rois ! Allez, l'épopée sera sanglante ! — Nos fils la raconteront avec effroi à leurs fils ! ce sera une page de honte qui retombera sur vos têtes dans les siècles à venir. Ah! messieurs, notre pouvoir maternel vous a rendus trop présomptueux ! Vous ne savez pas qu'il y a des femmes assez fortes pour porter des sceptres de fer! Vous avez oublié le règne des filles de Henry d'Angleterre, eh bien! Marie de Médicis gouvernera comme Elisabeth! Ah! vous avez cru que notre générosité était de la crainte! Le lion dédaigne parfois de lutter avec le tigre, et cependant le lion sait sa force; eh bien! la Reine aussi sait sa force! à votre cri de guerre, elle répondra son cri de guerre! à vos chefs, elle opposera ses fidèles chefs! et quand vous crierez Condé et Mayenne! on criera Louis de France et Gaston d'Orléans! — Et, s'il le faut, je suivrai les camps, je serai à la tête de mon armée! Guise, Sully, Bassompierre, Brissac, Montmorency, Lesdiguières, d'Ornano, Marillac, tous mes grands capitaines, pousseront mon cri de guerre, et défendront la cause royale; mon fils sera au milieu de nous; (*tournant ses regards vers Luynes :*) les étrangers ne lui apprendront plus à maudire sa mère, et quiconque sera assez téméraire pour oser lever la tête, je lui assignerai pour *tenant d'armes* mon exécuteur des hautes œuvres!!!

Jamais tant d'énergie ne s'était révélée dans l'âme de la Reine; le parti des princes tremblait à son tour; il reconnaissait son impuissance; tandis que la majorité des seigneurs, qui était pour la Reine, et surtout les nobles guerriers dont elle avait prononcé les noms avec tant de gloire, poussaient des acclamations d'allégresse.

Luynes trembla comme un enfant qui a peur. Il avait compris les paroles de la Reine; — il était perdu. — Plus d'un partisan de Condé se déclara alors pour Marie; d'autres résolurent de gagner du temps.

Bassompierre alla dire au maréchal de Brissac qu'il déclarât la séance terminée. Comme le président se levait de son fauteuil, on entendit dans le lointain un de ces murmures semblables aux mugissemens des flots de la mer; puis, au même instant, d'effroyables lueurs vinrent frapper à plomb les vitraux des Augustins.

Marie de Médicis poussa un cri, et toute l'assemblée se leva inquiète et effrayée.

Alors, les lueurs devinrent plus rouges; les

flammes s'élevaient dans la nue en tourbillons effrénés, immenses, se tordant, s'allongeant, imprimant sur les vitraux des ombres, des formes gigantesques ; puis, un cri terrible arriva distinctement au milieu du parlement.

— Mort au Conchini ! mort à la Galigaï !

La maréchale se tenait debout, à côté de la Reine ; elle saisit la robe de Marie, en lui demandant protection.

— Qu'y a-t-il ? s'écria la Reine.

— Madame, répondit le colonel Galatis, qui arrivait du dehors, c'est le peuple qui vient d'incendier les hôtels du maréchal d'Ancre et de M. Corbineli, son secrétaire.

— Ah ! malheur, s'écria la maréchale.

Quelques bruyans sourires furent entendus dans l'enceinte.

— Le peuple d'un sujet rebelle, s'écria la Reine, n'est pas le peuple du Roi de France ! — Allez, monsieur de Galatis ; prenez vos compagnies de Suisses, et n'épargnez pas ces misérables. Suis-moi, Léonora.

— Vive la Reine ! vive le Roi ! vive la grande Reine ! s'écrièrent le peuple et les bourgeois, heureux de l'humiliation des nobles.

— Messieurs, dit le maréchal de Brissac, la séance est levée.

IX

Les grands Événemens.

— On a dit cela, Santa Maria?
— Oui, monseigneur, et plus encore.
— Mais c'est horrible. La calomnie tue comme le poignard. Si je ne fais quelque brave entreprise, je suis déshonoré. Allons, Juan. Juan! mon épée, mon épée!

(La Marquise de Charny, *les Rivaux*.)

L'émeute fut étouffée plus vite encore qu'elle n'avait surgi. Les Suisses de Galatis labourèrent le sol avec la puissance du volcan qui dévore et nivelle tout. Le Pont-Neuf avait été l'*Alpha*, l'*Oméga* fut au carrefour Bussy. Certes, la basse populace, cette fois, n'eut point à s'applaudir de sa victoire. On pendit les plus mutins; Marie de Médicis fit grâce aux autres.

A partir de ce jour, la France, comme si un nouveau génie eût présidé à ses destinées, prit un aspect de grandeur et de force qui rappela les deux premières années du règne de Henri IV; Marie gouvernait comme Elisabeth. Souvent elle était bonne et généreuse, mais quand ses ennemis la blessaient trop au cœur, elle appesantissait alors sur eux sa main de fer. Bientôt, cette existence de supplices sans fin lui parut trop cruelle.... On la vit se mettre à l'ombre et se reposer des affaires en les abandonnant au maréchal d'Ancre et à sa femme, quoique Léonora, selon Richelieu, eût l'esprit quelque peu dérangé depuis l'incendie de son hôtel (1).

Alors, le maréchal s'abandonna sans frein à son ambition ; il aplanit la route qui devait être

---

(1) Richelieu, manuscrit inédit.

parcourue avec une audace inouie. Pourtant il différa beaucoup du cardinal de Richelieu; car sa route à lui ne fut pas tachée de sang!

Mais son trop peu de confiance en sa force le perdit; il regarda en arrière, et n'osa pas poursuivre sa mission à travers les dangers. S'il avait eu la fermeté que possédait sa femme avant sa stupeur, il aurait brisé, comme deux roseaux fragiles, Luynes et Richelieu.

Ce fut un coup de dé qu'une paille fit chanceler.

Les princes, toujours si disposés à la révolte, voyant combien l'influence du maréchal d'Ancre et celle de la Reine-mère pesaient sur la couronne de Louis XIII, consentirent à se rapprocher de l'Italien, afin de le soutenir dans la lutte sanglante qui se préparait lentement dans l'ombre. Ces auxiliaires inespérés aveuglèrent de plus en plus le maréchal. — La pauvre Marie crut à leur sincérité : on jouait la France!

Comme Luynes avait paru suspect, on ne

négligea rien pour le perdre ; mais il avait trop de finesse, et Richelieu le servait trop bien pour qu'il se laissât entraîner dans l'abîme. — On l'abreuva de dégoûts, d'affronts; il supporta tout avec résignation ; amoncelant dans son cœur l'une sur l'autre ces *déloyautés*, comme il disait, se berçant de l'espérance qu'un jour viendrait où il pourrait les étaler en revanche sous les yeux de la Reine et du maréchal.

On avait privé Louis de ses gentilshommes, de ses compagnies de gardes, sous prétexte de les envoyer à l'armée du comte d'Auvergne, qui était allé faire le siége de Soissons, où le duc de Mayenne et le parti des princes s'étaient renfermés.

Louis XIII était donc seul au Louvre, malade, et brisé par l'abandon dans lequel on le laissait, abandon que Luynes rendait plus amer encore par sa voix envenimée. Un jour, le jeune Roi se trouvait seul avec son favori et un valet ; il pleurait, et semblait plus triste que de coutume. Le Louvre qui, toute la matinée, avait été désert et silencieux, s'anima tout à coup, devint bruyant; on entendit des voix rieuses, des cris retentissans, des bruits de hallebardes et d'épées : Louis envoya s'informer.

— C'était le maréchal d'Ancre qui arrivait au palais.

L'Italien entra presque aussitôt dans l'appartement du monarque, suivi de plus de *quarante gentilshommes* tous vêtus d'habits magnifiques. A la vue de ce cortége, Louis ne put retenir un soupir d'amertume et d'envie; il se plaignit au maréchal. Celui-ci, soit pour humilier le Roi, soit par fatuité ou bienveillance, lui offrit de l'argent et une compagnie de son régiment de *Bussy-Zamet* qu'il avait fait venir de Normandie; après quoi, il se retira.

« Louis trouva grand affront à cela, qu'un misérable aventurier qui n'avoit sou ni maille quand il etoit venu en France, osât l'insulter jusqu'à lui offrir des troupes et de l'argent (1). »

Les yeux fauves de Luynes brillèrent de joie en entendant ces paroles ; il laissa s'exhaler la colère du Roi, épiant l'instant où il s'arrêterait pour jeter de l'huile sur le brasier ardent.

— Oui, Sire, dit le favori d'une voix lente, mais forte, c'est un nouvel affront qu'on vous fait, plus sanglant à lui seul que tous les autres réunis : tout cela décèle quelque grand malheur (2).

---

(1) Phélipeaux de Pontchartrain. Le cardinal de Richelieu, manuscrit inédit.

(2) Voici ce que dit Voltaire : « .... Ce Conchini, dans ce temps-
« là même, fesait une action qui méritait une statue. Enrichi par les
« libéralités de Marie de Médicis, il levait à ses dépens une armée
« de cinq à six mille hommes contre les révoltés ; il soutenait la
« France, comme si elle avait été sa patrie. Le gentilhomme nommé
« Albert, connu sous le nom de Luynes, rendit si suspect le service
« que Conchini venait de rendre qu'il fit consentir le Roi à l'assas-
« siner.... »
(VOLTAIRE, *Histoire du Parlement de Paris.*)
Cette histoire, bien qu'elle soit de notre grand écrivain, fourmille d'erreurs historiques. Je me permettrai de réfuter celle où il dit que la maréchale d'Ancre était une *Italienne de qualité.*— Léonora Dori, ou Galigaï, était fille de la nourrice de Marie de Médicis, pauvre femme qui avait tenu une auberge sur la route de Florence.

— Que veux-tu, Albert, s'écria le Roi en l'interrompant ; que veux-tu qui m'arrive de pire que ma position présente ?

— Tenez, Sire, repartit l'astucieux favori, voici une histoire des temps passés sur la table ; daignez m'écouter ; et Luynes se mit à lire :

« L'Etat était gouverné par un ambitieux
« Maire du Palais ; les ecclésiastiques avaient
« si grande part au gouvernement, que l'Etat
« était plutôt dans l'Eglise, que l'Eglise dans
« l'Etat.

« Aussi, bientôt la royauté ne fut plus qu'une
« ombre ; l'insensé Childéric eut la tête rasée
« et fut fait moine à Sitieu, où il mourut après
« deux ans de captivité (1). »

— Quoi ! Luynes, tu crois que le maréchal oserait pousser les choses jusqu'à ce point ? Oh ! non ; cela ne se peut, ma noblesse l'empêcherait.

— Votre noblesse ! repartit Luynes avec

---

(1) Annales de saint Bertin.

mépris; où donc est-elle? où sont vos fidèles gentilshommes? où sont les grands barons de votre royaume?— Chacun lève sa bannière et commande en roi à ses vassaux; il n'y a plus de Roi de France!

— Luynes! Luynes! s'écria le Roi avec fureur, j'ai encore le peuple pour moi.

— Le peuple commence à se séparer de votre cause, parce qu'il dit que la Reine-mère vous tient en tutelle.

— En tutelle, en tutelle! moi, Louis de France! moi qui porte le sceptre et la couronne! Oh! cela est impossible.

— Je n'ai aucun intérêt à dire ces choses, Sire.

— Mais, es-tu bien sûr de cela, Albert? reprit le Roi, devenu plus calme?

— Quand je vous l'affirmerais sur la croix de Jésus-Christ, ainsi que d'autres soupçons que j'ai conçus, vous n'en feriez pas davantage, repartit Luynes.

— Si fait, Albert, mon ami, mon fidèle serviteur. Que dit-on encore?

— On ne dit rien, Sire.

— Mais, Luynes, dit le Roi en frappant du pied la terre, tu me tortures comme un criminel ! Allons, mon compagnon d'infortune, mon cher Albert..... je te ferai maréchal de France, pour récompenser tes bons services.

Luynes fixa ses yeux sur le Roi avec quelque appréhension, puis il lui jeta ces paroles avec une sorte d'insouciance capable d'inspirer l'effroi.

— Catherine de Médicis empoisonna Charles IX, pour faire arriver au trône Henri III, son fils bien-aimé. Les d'Ancre sont de la même nation que Catherine, Sire ; ils règnent en despotes sur l'esprit de la Reine-mère qui est aussi de Florence ; — elle aime éperdument votre frère puîné (1).

---

(1) Luynes ne craignit pas de rappeler au Roi le fait de Catherine de Médicis relatif à l'empoisonnement de son fils. C'était pour lui faire entendre, qu'à la sollicitation de Concini et de sa femme, tous deux Italiens, la Reine-Mère pourrait bien imiter Catherine.

(Le continuateur de Mézeray, *Histoire de France*. Le cardinal de Richelieu, manuscrit inédit.)

— Oh! c'est affreux ce que vous dites là, monsieur de Luynes..... Une mère faire assassiner son enfant, oh! non.

— Il n'y a pas encore vingt années que Catherine de Médicis est morte. — Isabeau de Bavière préférait voir régner le duc de Bourgogne, son amant, plutôt que son fils. Elle donna de pleins pouvoirs au comte de Bethfort régent de France, pour Henri d'Angleterre; — cependant elle était mère de Charles VII.

—Eh bien! s'écria Louis avec enthousiasme, en mettant la main sur la garde de son épée, il est temps que le Roi de France soit maître, et gagne ses éperons d'or ; je veux aller retrouver mon armée et devenir libre. — Albert, connais-tu un homme de résolution?

— J'ai là Vitry, capitaine aux gardes, un gentilhomme déterminé.

— Fais-le venir.

Le capitaine entra. C'était un homme brave jusqu'à la témérité, n'ayant aucuns scrupules, et décidé à tout.

— Monsieur de Vitry, lui dit le Roi après un court entretien, il faut que demain le maréchal d'Ancre couche à la Bastille ; c'est notre volonté.

— Il faut qu'il meure, ajouta Luynes à voix basse, en reconduisant le baron de Vitry.

Les deux courtisans se comprirent.

Il est peut-être nécessaire de décrire en peu de lignes la position dans laquelle se trouvaient les hauts dignitaires qui avaient la confiance de Marie de Médicis.

Barbin, qu'on dit avoir été l'amant de la maréchale d'Ancre, était alors contrôleur général des finances ; M. de la Vieuville faisait partie du Conseil ; et, pour remercier l'évêque de Luçon-Richelieu de ses *bons et loyaux services*, la Reine l'avait fait nommer ministre secrétaire d'Etat. A peine possesseur de cette place, il fit volte-face au maréchal d'Ancre ; il menaça la Reine de se retirer des affaires ; et, comme cette menace, n'était que simulée, il continua d'agir pour Luynes et Louis XIII.

Le lendemain du jour qui suivit la scène racontée plus haut, Concini, escorté, comme à l'ordinaire, par un grand nombre de gentilshommes, les uns à ses gages, les autres par attachement pour lui, s'en vint au Louvre, afin de saluer Marie de Médicis à son lever; il paraissait tout joyeux. L'armée royale avait remporté quelque avantage sur les troupes des princes, et cette bonne nouvelle devait servir à le faire bien venir de la Reine et du Roi.

Les gardes-du-corps étaient rangés dans la cour du palais. Un carrosse à six chevaux avait été attelé au bout de la galerie du Louvre, afin que le Roi pût se sauver, si le coup venait à manquer. La Reine-mère dormait tranquille; le maréchal arriva.

On lui ouvrit la grande porte de la cour que l'on eut soin de refermer aussitôt. Un homme, qui était au-dessus, tourna trois fois son chapeau en l'air, pour avertir le baron de Vitry que le maréchal d'Ancre venait d'arriver. Vitry quitta la salle des Suisses et courut avec ses deux frères et d'autres affidés au-devant de Concini; l'ayant rencontré sur le pont qui était alors à l'entrée du Louvre, il le prit par le bras, et s'écria :

— Au nom du Roi, je vous arrête !

— *Qui ? moi ?* répliqua le maréchal en portant la main à la garde de son épée, et le visage horriblement contracté par la frayeur.

— Oui, vous ! dit Vitry avec une raillerie sanglante.

Et alors, faisant signe de la main aux assassins, ils lui tirèrent trois coups de pistolet.

« L'infortuné Concini tomba mort sur ses genoux ; on lui donna encore lâchement quelques coups d'épées, et Vitry, le poussant avec le pied, acheva de l'étendre sur le pont (1). »

Une heure après ce cruel événement, Marie de Médicis était sans gardes, prisonnière dans le Louvre : Barbin était à la Bastille, *avec des*

---

(1) Mézeray, *Histoire de France*. Mémoires de Phelipeaux de Pontchartrain.

rigueurs infinies (1), et l'assassin Vitry courait chez la maréchale d'Ancre avec l'ordre de la conduire à la Bastille.

---

(1) Richelieu ; manuscrit inédit. — Ces mots sont écrits en marge de la main du cardinal ; plus bas, on lit une annotation au sujet de la Reine qu'il avait déchirée à belles dents cent pages plus haut.

« Mais Dieu a voulu que celle quy n'auoit avcvne part dans sa « favte, l'evst trez grande dans sa disgrâce, pour novs apprendre « qve la vertv a ses peines comme le soleil ses éclipses. »

X

L'Exil.

> Adiev plaisant païs de France
> O ma patrie
> La plvs chérie,
> Quy as novrri ma jeune enfance!
> Adiev France! adiev mes beavx jours!
> La nef quy disjoint nos amours,
> N'a cil de móy que la moitié,
> Une part te reste ; elle est tienne,
> Ie la fie à ton amitié
> Por que de l'avtre il te sovbuienne.
>
> (*Marie Stuart.*)

Léonora était dans son appartement, seule, avec deux jeunes garçons et une petite fille, tous trois presque du même âge, jolis enfans qu'elle caressait avec amour.

L'un était son fils, ce comte de la Pène qui mourut quelques années plus tard en Italie, empoisonné, dit l'histoire, par un juif sicilien.

L'autre n'avait point de titres ni de grandeurs, on ne nommait, ou plutôt on ne connaissait ni son père ni sa mère ; on l'appelait tout simplement *Stelle* ou *Stelli*, mot italianisé qui signifie étoile. C'était un bel enfant, à la figure veloutée, aux yeux et aux cheveux noirs ; quoique très jeune, toute sa physionomie avait un caractère de mélancolie extraordinaire. Il y avait sur ces traits méridionaux quelque chose de fort ; il inspirait un sentiment indéfinissable, — ce n'était ni de l'amour ni de la pitié. Un vieux gentilhomme normand, Louis de Rouvray, prenait un soin extrême de son enfance ; c'était un chevalier de vieille race, homme probe et brave, pour qui l'honneur et la gloire de la France étaient tout. — Il descendait de ce fameux Louis de Rouvray, un des cent vingt-huit gentilshommes normands qui s'enfermèrent au Mont

Saint-Michel, en 1421, pour le défendre contre les Anglais.

La petite fille blonde, était assise sur un coussin de tapisserie, jouant avec quelques futilités. Nysmi, la jolie enfant, était fille de la comtesse de Miranio, la plus belle et la plus artificieuse des dames de l'Estramadure, qui avait été quelque temps maîtresse de Henri IV. Mais la comtesse ne tirait pas grande vanité de son avilissement, elle le cachait, au contraire, sans doute parce que Henri-le-Grand n'avait pas légitimé Nysmi par quelque apanage, comme il l'avait fait, pour ses autres bâtards; et madame de Miranio ne proclamait pas la paternité du grand Roi.

Le comte de la Pène et Stelli étaient appuyés sur les genoux de la maréchale d'Ancre, semblant écouter avec une attention avide les paroles qu'elle prononçait; Stelli surtout attachait sur elle ses grands yeux noirs qui prenaient une expression de douleur.

— Allons, mon enfant, disait la maréchale, rassemble toute la force de ton cœur; le chagrin d'une séparation, si pénible qu'il soit, ne tue pas un homme; oui, il faut que je te quitte; les circonstances me forcent à m'éloigner de la France. Ici, nous courons tous des dangers; ma vie n'est plus en sûreté; je dois fuir cette France, et retourner en Italie. Aussitôt que le maréchal sera de retour du lever de la Reine, nous partirons.

— Eh bien ! ma bonne mère, dit Stelli en pleurant, pourquoi ne m'emmenez-vous pas aussi en Italie ? Si vous me séparez de mon jeune frère que voici, je mourrai. Mon vieux gouverneur ne me parle que de tournois et de coups d'épée; je serai un pauvre petit abandonné! — Oh! madame, ne me laissez pas ici !

— Je voudrais pouvoir t'emmener, cher enfant, mais cela ne dépend pas de ma volonté; il faut que tu restes. D'ailleurs, les factions deviendront peut-être un jour moins violentes.

La fureur des hommes ressemble à la tempête : elle déracine tout à l'heure de sa rage ; puis, succède le calme et la sécurité. Alors, nous reviendrons en France ; car il y a long-temps qu'un astrologue m'a prédit que j'y mourrais !

Une détonation de trois coups d'arme à feu fit tressaillir la superstitieuse maréchale.

— Qu'est-ce cela ? qu'y a-t-il ? s'écria madame d'Ancre avec effroi.

Elle se rappelait en ce moment les dernières paroles de Masaly :

« L'Esprit viendra frapper à ta porte autant de coups qu'il tombera de têtes de la seigneurie d'Ancre. »

Elle s'entretint encore quelques instans avec les deux jeunes garçons ; puis, elle appela Nysmi, dont les beaux yeux bleus roulaient quelques larmes en apprenant le départ de sa bonne amie.

— Il faudra bien aimer mon fils, ma jolie Nysmi, lui dit la maréchale en la baisant avec tendresse ; tu vois, Stelli reste tout seul au monde ; il n'a plus de père ni de mère, aime-le toujours, ma petite Nysmi. Quand il sera grand, quand il sera un beau chevalier, il te protégera. — Allons, embrassez-vous bien, mes jolis enfans... J'entends un bruit de pas sur le quai : ah ! c'est le maréchal qui revient. — J'étais déjà inquiète ! Ce Masaly m'a effrayée.... J'irai dire adieu à la Reine, en lui reportant les bagues de la couronne (1).

En ce moment, on frappa à la porte de sa chambre, qu'elle tenait toujours fermée depuis ses terreurs ; elle se leva les yeux hagards, et ne répondit pas.

On frappa de nouveau une seconde fois, puis une troisième.

— Adonaï ! Dieu d'Israël ! s'écria la maréchale en élevant les bras au-dessus de sa tête, *l'Esprit a frappé trois fois.* Mais nous ne

---

(1) La maréchale d'Ancre avait depuis long-temps les bagues de la couronne, elle les portait le jour de son arrestation.

(*Mémoires du cardinal de Richelieu.*)

sommes plus que trois!! — il faut donc mourir tous!!!

Le comte de la Pène et Nysmi vinrent se grouper autour d'elle, donnant des signes d'une excessive frayeur. Stelli alla à la porte, et demanda qui frappait :

— C'est moi, mon enfant, dit le sire de Rouvray; ouvrez-moi vite, il faut que je voie madame la maréchale. — Ah! madame, s'écria-t-il en entrant, suivez-moi; il n'y a pas un instant à perdre !

— Qu'y a-t-il? demanda la maréchale en entrant dans son antichambre, où se trouvaient quelques gentilshommes de *ses ordinaires* (1).

— Ecoutez, madame, dit le sire de Rouvray, par la bataille !..... c'est le peuple qui vient !

---

(1) Concini avait des nobles à son service auxquels il donnait des gages; on les appelait *ses ordinaires*. A cette époque, les plus grands seigneurs en avaient à leur solde.

— Encore le peuple ! s'écria la maréchale.

L'infortunée put alors entendre ce cri terrible :

— Vive le Roi ! vive M. de Luynes. *L'Italien est mort !*

— Suivez-moi, madame, dit le vieux Rouvray en lui saisissant le bras ; partons (1) !

Il était trop tard : Vitry, couvert du sang de Concini, entra, suivi d'une nombreuse troupe de hallebardiers et d'hommes d'épée.

— Madame, dit le capitaine des gardes, disposez-vous à me suivre ; vous êtes ma prisonnière !

Elle recouvra assez de force pour s'écrier :

— Et mon époux, dites, qu'en avez-vous fait ?

---

(1) Cette scène cruelle a été peinte, par Alfred Johannot, avec un grand talent. Jamais jusqu'alors aucun artiste n'avait rendu à l'aquarelle d'aussi beaux effets de peinture. La composition était disposée avec cet art merveilleux qu'on sait aux Johannot. Le papier, cette fois, ressemblait à de la toile ; tout était large et grandiose, c'était le chef-d'œuvre de l'aquarelle.

Le barbare Vitry lui montra le sang dont il était maculé, en disant avec un mépris féroce :

— Le juif est mort !

On entraîna la malheureuse femme à la Bastille, et le lendemain, Vitry fut nommé maréchal de France.

Le sire du Rouvray emmena Stelli et Nysmi, tandis que le fils infortuné de la maréchale d'Ancre se trouva seul dans son affliction, au milieu de son hôtel abandonné (1).

Huit jours se passèrent. La populace, poussée dès lors par Luynes, se porta à d'effroyables excès. Elle déterra le corps du maréchal d'Ancre, le mutila; puis, après l'avoir traîné dans la fange jusqu'aux extrémités de Paris,

---

(1) « Voilà son fils uniqve qvi, à peine, a de la paisle povr se cov-
« cher et dv pain povr manger, qvoiqv'il fvst encore en bas âge et
« innocent de tovs mavx, et l'auoit fallv oster. dv liev où le pevple
« povuoit l'aborder, povr la crainte qve l'on auoit qv'ils n'en fissent
« vn misérable carnaige. »

Plus bas il ajoute :

« Le Fiesqve, gentilhomme dv maréchal, emmená ce pavure petit
« enfant. »

(*Mémoires de Phelipeaux de Pontchartrain.*)

elle le ramena sur le Pont-Neuf, là, tout près du Louvre, et, l'ayant brûlé, elle en jeta les cendres dans le fleuve.

Mais la cupidité et la vengeance de l'infâme favori n'étaient pas assouvies ; il fallait davantage encore à cet ambitieux ; un procès s'instruisit contre l'infortunée maréchale ; tout ce que la calomnie et la prévarication ont de plus atroce y fut apporté : c'est une tache éternelle pour la justice. Léonora Galigaï, marquise et maréchale d'Ancre, fut condamnée par des juges à mourir en Grève de la mort des infâmes, accusée et convaincue de sorcellerie ! — Luynes s'institua l'héritier de ses grands biens ; il s'appropria tout (1).

Cependant il ne se contenta point de tant d'avantages inespérés, inouis ! Marie de Médicis ne pouvait pas toujours rester prisonnière au Louvre. Les grands seigneurs de son parti

---

(1) Mémoires de Pontchartrain, — de Bassompierre. (Manuscrit du cardinal de Richelieu. — Le continuateur de Mézeray, *Histoire de France*. — Maréchal d'Estrées.)

n'attendaient peut-être qu'un signal pour agir;
il devenait urgent de prévenir leurs desseins.
L'évêque de Luçon-Richelieu fut consulté.
L'adroit Luynes montra du doigt la pourpre;
le cardinal futur proposa l'exil pour la Reine-
mère, pour sa bienfaitrice, pour celle qui lui
avait donné toute sa confiance !...

— Je ferai plus, dit Richelieu : pour mériter votre faveur, je m'exilerai avec la Reine;
ce sera doublement vous servir.

Luynes le regarda presque avec mépris,
tant il lui parut odieux en ce moment; mais,
songeant combien il lui devait déjà, et voulant
à tout prix l'éloigner de Louis, il lui dit :

— J'apprécie au plus haut point tout votre
zèle, monsieur de Luçon; votre détermination est sage. Le Roi, malgré ce que j'ai dit en
votre faveur, est mécontent de vous. Tout ce
qui a eu entrée au conseil avec l'Italien lui est
suspect. Vous pouvez vous retirer, monsieur :
je vais aller préparer sa Majesté à consentir à
l'exil de sa mère.

C'était affreux de voir ces deux hommes, dont l'un avait été comblé de faveurs par la grande Reine, comploter dans l'ombre pour la rendre suspecte à son fils et à toute la France. Louis XIII refusa d'abord Luynes avec colère; mais celui-ci, n'ayant pas craint de retracer les crimes de Catherine de Médicis et l'amour de Marie pour le duc d'Anjou (Gaston d'Orléans), le Roi consentit. Nous avons déjà dit que la Reine-mère était prisonnière dans le Louvre. Plusieurs fois, elle avait demandé à voir Louis XIII, la jeune Reine Anne d'Autriche, Gaston d'Orléans et Mesdames ses filles. Luynes avait refusé. Un pont-levis communiquait du Louvre à un petit jardin; le favori donna l'ordre de le faire couper. Il commençait à faire sentir cette cruelle vengeance qui devait marquer d'un sceau de malheur et de haine son règne si court, et que devait ensuite saisir avec plus de rigueur encore le grand cardinal.

Marie, quoique captive, se plaisait à caresser la pensée que son fils ne tarderait point à revenir à de meilleurs sentimens. Elle se promettait bien, aussitôt qu'elle aurait ressaisi sa puissance, d'envoyer le fauconnier à l'oisellerie avec certaines précautions qui ne lui permettraient plus de gouverner l'esprit du Roi.

Elle projetait déjà de grandes choses, la pauvre Reine ! lorsque Richelieu entra.

La scène fut cruelle. Malgré toute son adresse et son astuce, l'évêque de Luçon ne put arrêter les premiers élans de cette âme italienne, si forte et si élevée, même à l'heure de ses revers. — Il n'y a point de digue possible pour le torrent des Apennins ! — ainsi de l'âme des mortels qui possèdent le génie. La Reine devint furieuse comme une lionne blessée ; elle marchait à grands pas dans son appartement, blasphémant Dieu, maudissant Luynes, accusant son fils ; et ses yeux se fixant sur un miroir magique, elle le considéra attentivement ; peu à peu elle devint plus calme ; ses traits reprirent leur sérénité et leur majesté habituelles. — Le bienheureux phylactère avait annoncé à l'infortunée Marie que la volonté de Louis XIII ne résisterait pas à ses prières de mère.

Elle congédia l'évêque de Luçon, en le priant d'annoncer au Roi qu'elle serait prête le lendemain à quitter Paris.

Ce peu de résistance combla de joie Luynes et peut-être le Roi ; tous deux s'entretenaient du départ de Marie, quand un page annonça M. de Bassompierre, qui venait respectueusement annoncer au Roi que la Reine, son auguste mère, demandait à lui faire ses adieux avant de le quitter.

— Dites à notre très honorée mère, reprit Louis, que nous ne souffrirons pas qu'elle se dérange ; nous descendrons dans un instant... Suivez-moi, Luynes.

Marie de Médicis venait d'entrer dans une des grandes salles du Louvre, ornée de statues de Jean Goujon et de riches tentures que la révolution du peuple mutila comme tant d'autres chefs-d'œuvre. La belle et imposante figure de la Reine-mère annonçait encore quelque espoir. — Il y avait là, près d'elle, madame de Guercheville, la duchesse d'Elbeuf, les maréchaux de Marillac et de Lesdiguières, la belle comtesse du Fargis, vêtue d'une robe de velours noir, magnifique perle au milieu de ce groupe, et la noble et sombre figure de Bassompierre, qui contrastait étrangement avec les têtes rieuses de Nysmi et des petits enfans de la duchesse de Lesdiguières et la pâle figure de l'évêque de Luçon. Des pages de la Reine-mère faisaient le service de ses gardes-du-corps qu'on lui avait supprimés.

— Quel air avait le Roi? demanda Marie à Bassompierre.

— Comme un homme qui se trouve seul avec son fauconnier, madame; il paraissait joyeux.

— Joyeux! dit la Reine, qui ne put retenir un profond soupir. Mais peut-être a-t-il changé d'avis, peut-être aura-t-il repoussé l'influence de son misérable favori ? Ah ! si cela était, ma chère Fargis, par quels soins je paierais votre attachement à une reine malheureuse ; et vous tous, mes fidèles amis, mes faveurs préviendraient vos désirs.

— Cette dernière entrevue peut changer les destinées de l'Etat, dit le maréchal de Marillac ; le Roi notre maître est bon, il ne peut oublier les services que vous avez rendus à la Couronne.

— Dieu veuille vous entendre, maréchal ! dit Marie de Médicis.

— Et il nous entendra, s'écria Bassompierre, à moins que son apprivoiseur de grives ne lui jette quelque charme.

Marie fit approcher son fidèle astrologue.

— Eh bien ! Masaly, croyez-vous que mon fils révoquera mon éloignement ?

— Cette nuit, madame, le firmament était couvert de sombres nuages, on n'apercevait pas une étoile ; je n'ai pu découvrir si la vôtre était toujours grande et éblouissante.

En ce moment, des gardes armés de pertuisanes vinrent se placer à l'entrée et à la porte de la salle, et un page annonça le Roi.

Louis XIII, alors âgé de quinze ans, vêtu d'un pourpoint blanc, brodé d'or, à crevés de velours noir, arriva, s'appuyant sur le bras de son favori. Lorsqu'il entra, la Reine-mère, les dames et les seigneurs se levèrent, et saluèrent avec respect.

La duchesse d'Elbeuf et madame du Fargis restèrent près de la Reine; Bassompierre et Marillac, avec leurs sombres figures, avaient la main sur leurs épées. A les voir ainsi groupés, on aurait dit qu'ils n'attendaient qu'un regard de la Reine-mère, pour immoler l'insolent favori.

La conversation fut froide de la part du jeune monarque. Marie de Médicis s'abandonna à sa tendresse maternelle; mais Louis, dominé par son favori, demeura inébranlable. Alors Marie lui rappela les services qu'elle avait rendus pendant sa régence (1).

Le Roi ne fut point ému.

Après quelques instans de silence, Marie de Médicis continua :

— Je suis votre mère, je vous ai porté dans mon sein, et quand vous étiez tout petit enfant, mon manteau royal ne m'a point fait vous oublier. Les plus tendres caresses de vos jours de joies, c'est moi qui vous les ai données ; je vous ai entouré d'amour, de sollicitude, j'ai imploré pour vous la puissance du ciel et l'obéissance de vos sujets. Ah ! mon fils, revenez à de nobles sentimens. Soyez digne

---

(1) « Monsieur mon fils, s'écria-t-elle, le tendre soin avec lequel « je vous ai élevé en votre bas âge, les peines que j'ai eues pour « conserver votre état, les hasards où je me suis mise ; ce que « j'eusse aisément évité, si j'eusse voulu relâcher quelque chose de « votre autorité, me justifient toujours, devant Dieu, que je n'ai « jamais eu autre but que vos intérêts. Souvent je vous ai prié de « prendre en main l'administration et la conduite de vos affaires, « et de me décharger de ce soin ; vous avez cru que mes services ne « seroient pas inutiles, et vous m'avez commandé de les continuer ; « je vous ai obéi, pour le respect que je dois à vos volontés, et « pour que c'eût été une lâcheté de vous abandonner dans le pé- « ril.... (1). »

(*Mémoires et manuscrit du cardinal de Richelieu.*)

de la couronne que vous portez. Si ma présence importune dans les affaires de l'Etat, eh bien! je consens à ne plus entrer dans le Conseil, mais de grâce, Louis, ne me séparez pas de vous que j'aime plus que tout au monde; et de mes autres enfans infortunés!!!

L'accent de la Reine était déchirant. C'était une mère dont on a brisé le cœur. Louis XIII resta impassible; il avait rencontré les regards de Luynes et de l'évêque de Luçon-Richelieu...... — L'exil à Blois fut prononcé.

Alors Marie de Médicis, en proie aux angoisses les plus cruelles, s'avança pour embrasser son fils, mais Louis faisant une révérence profonde, se recula avec affectation vers son favori (1).

L'évêque de Luçon laissa errer un sourire amer sur ses lèvres pâles :

— C'est le premier pas de ma puissance, pensa-t-il, j'achèverai l'œuvre.

---

(1) Mézeray. — Le cardinal de Richelieu. — Pontchartrain.

La Reine-mère, outrée de cette froideur et de cette dureté excessives, rappela sa grande force d'âme, et, comprimant des larmes qui venaient mouiller ses paupières, elle s'écria :

— Vous avez cédé, mon fils, à des insinuations perfides. On a abusé de votre extrême jeunesse, car sans cela je vous maudirais, vous, pour une telle barbarie, et moi-même, pour vous avoir donné le jour ! c'est une double honte, Louis, quand on répudie sa mère ! une honte aux yeux de Dieu, et une honte aux yeux des hommes : mais l'on vous a égaré, et je ne puis qu'avoir pitié de vous. Allez, le remords viendra parfois les nuits s'asseoir dans votre couche royale. L'enveloppe du crime s'use vite : elle sera bientôt déchirée. C'est l'exil d'une Reine que vous venez d'ordonner. On ira plus loin peut-être !... Adieu ! adieu, mon fils, et dans la voie de malheur où l'on vous pousse, puissiez-vous ne jamais oublier que je suis votre mère, et que je porte le grand nom des Médicis !

Le Roi se retira en appelant Luynes à voix haute. MM. de Bassompierre, de Chevreuse et de Marillac allèrent baiser en pleurant la robe de Marie qui elle-même versait d'abondantes larmes. Puis, ayant en vain demandé la grâce de Barbin et celle de la maréchale d'Ancre, elle reçut le parlement, le Châtelet, Miron, un grand nombre de seigneurs, et se disposa à partir.

Elle quitta sa robe de voyage pour se vêtir avec la plus grande magnificence.

— Je ne veux pas, dit-elle à madame du Fargis, que le peuple voie en moi une femme humiliée, je veux encore être la Reine!...

Un cortége immense l'attendait sur le quai du Louvre; elle sourit avec amertume en le regardant avec une joie mêlée de douleur :

— C'est presque un triomphe, dit-elle; partons!

A l'entrée du Pont-Neuf, elle rencontra le brave sire du Rouvray à cheval, soutenant d'une main, sur le devant de sa selle, le jeune et intéressant Stelli. La Reine sourit d'un sourire indéfinissable; et, se tournant encore une fois vers le palais, elle aperçut Louis XIII et son favori au grand balcon du Louvre, qui semblaient joyeux de son abaissement (1).

Marie de Médicis, l'âme brisée par une indifférence si cruelle et en proie aux plus tristes pressentimens, se dirigea sur Blois.

---

(1) Le Roi se mit aux fenêtres pour voir partir sa mère, et courut ensuite au balcon de la galerie du Louvre pour la suivre des yeux le plus loin qu'il pourrait.
(*Le continuateur de Mézeray.*)

FIN DU PREMIER LIVRE.

LIVRE DEUXIÈME.

XI

Blois.

> Ce n'étaient pas des temps pacifiques, puisque tous les jours on était aux prises... Cependant les hostilités étaient si peu de chose qu'on les commençait sans frayeur, qu'on les poursuivait sans péril, qu'elles se terminaient presque sans perte.
> Nos plus cruels ennemis furent les traîtres qui sont le fléau des républiques.
>
> (MACHIAVEL, *Histoire de Florence*.)

Quelques années se sont écoulées depuis l'exil de la Reine-mère; mais bien que des événemens remarquables se soient passés dans ces jours de crise, nous ne ferons que les indiquer sommairement, c'est-à-dire avec les détails strictement nécessaires au lecteur, afin qu'il puisse retrouver un chemin qu'il connaît déjà. Ensuite, quand cette rapide chronologie sera esquissée, nous essaierons d'arriver, sans reprendre haleine, à la péripétie du grand drame que nos personnages vont dérouler.

Marie de Médicis, emprisonnée dans le château de Blois, dévorait son affront avec un calme apparent et une humilité profonde. A la cour dont elle était chassée, on prenait cela pour de la résignation; Luynes, devenu tout-puissant, partageait la crédulité générale. Un seul homme avait pénétré dans les replis du cœur de la Reine, c'était Richelieu.

Cependant, quoique Marie lui accordât toujours sa confiance, quelques-uns de ces projets ayant été éventés, elle devint plus défiante, moins communicative, et Richelieu, qui naguère avait eu des remords, se replongea de nouveau dans le gouffre des intrigues, épiant la Reine nuit et jour, cherchant à lire dans ses yeux les pensées de son âme, afin de gagner les bonnes grâces de Louis XIII et de Luynes, puis aussi la robe rouge et le chapeau de cardinal...

Il écrivit à M. de Luynes que la Reine sortait chaque soir ; que, s'entourant d'un mystère profond, elle se rendait dans le haut quartier de la ville, tout près des murailles, à la maison d'un pauvre vieux gentilhomme ; qu'il avait pris de longues informations, mais sans pouvoir découvrir s'il existait sous jeu amour ou projets menaçans. Il terminait cette lettre par la demande d'un ordre d'arrestation du gentilhomme et d'un jeune garçon qui se trouvait avec lui. Le chagrin qu'en ressentirait la Reine provoquerait sa colère, et alors, avec un peu d'adresse, on pourrait ressaisir le fil qu'une indiscrétion avait fait échapper.

Masaly, le savant astrologue, resté fidèle à Marie, dans son infortune, parvint, on ne sait comment, à persuader à sa maîtresse que le ciel présageait un malheur qui s'appesantirait sur la tête de deux personnes bien chères à son cœur : une fuite prompte et secrète pouvait seule les sauver. La Reine, en proie à de continuelles alarmes, s'en alla aussitôt à la maison du vieux gentilhomme, qui n'était autre que le sire du Rouvray ; et, après des menaces, des prières et des larmes, elle le détermina à quitter Blois avant la levée des ponts-levis, et à emmener avec lui Stelli, le jeune orphelin, le pauvre enfant qu'elle avait adopté dans son exil !

L'ordre de Luynes ne se fit pas attendre ; mais quand les officiers de justice se présentèrent chez le vieux gentilhomme, on trouva la maison déserte. La vengeance retomba sur Marie. Ses promenades du soir lui furent défendues ; et, lorsque la fantaisie lui venait d'aller sur les remparts, ou par la ville, des gentilshommes attachés à M. de Luynes la suivaient partout, colorant cet espionnage du prétexte spécieux de suite d'honneur pour la mère du roi Louis.

Néanmoins, Marie ne semblait pas remarquer ce nouvel affront. Elle négociait avec Louis XIII. Le père de Bérulle et le père Arnoux jésuite, confesseur du Roi, lui furent successivement envoyés; ils proposaient des conditions très dures pour elle, devant qui toute la France s'était prosternée; elle demanda du temps, et renvoya les négociateurs.

Ce fut alors que Louis XIII exila Richelieu dans son évêché de Luçon; de là il se rendit à Avignon, où il composa ses ouvrages de théologie; mais les circonstances difficiles dans lesquelles se trouvait Luynes le forcèrent à le rappeler bientôt, d'après les avis du trop fameux Joseph du Tremblay.

D'un autre côté, la grande noblesse était mécontente de l'insolence du nouveau favori, et de l'abaissement dans lequel on avait réduit la Reine-mère. Montmorency, son bon serviteur, s'était retiré en Languedoc; le duc d'Espernon, autrefois son ennemi, dès qu'il vit cette noble et malheureuse Reine en proie à tant de persécutions, leva sa bannière, et prit cause pour elle; le duc de Longueville avait soulevé la Normandie; le maréchal de Bois-Dauphin commandait dans la Sarthe et dans la Mayenne; le duc de La Trémouille avait la Bretagne : tous songèrent à mettre un terme à sa captivité.

Le duc d'Espernon fut celui qui se dévoua. Il corrompit quelques officiers de la garnison, et une nuit, à l'aide d'une échelle de cordes, il fit évader Marie du redoutable château-fort de Blois.

Alors, la Reine-mère leva des troupes pour tenir tête à l'armée royale. Elle se retira sur le territoire d'Angers, où elle avait le Pont-de-Cé, attendant une occasion favorable pour traiter avec son fils les armes à la main, et peser de sa main puissante sur le duc de Luynes, son plus cruel ennemi.

Luynes, alarmé de l'exaspération de Marie, mit tout en œuvre pour grossir son parti. Il s'attacha les princes rebelles, fit mettre en liberté M. de Condé, le réconcilia avec Louis, en rejetant tous les torts sur la Reine-mère, et, fier et encouragé par ces chances de succès, il alla combattre l'armée de Marie de Médicis.

L'histoire l'a assez prouvé depuis : Richelieu joua un rôle infâme dans cette occasion mémorable. La Reine fut trahie, livrée encore une fois à la merci de son persécuteur. Ses troupes furent anéanties presque sans combat à la malheureuse affaire du Pont-de-Cé. Elle redevint l'ôtage de son fils. Néanmoins, sa liberté ne lui fut pas ravie : elle reparut à la cour, mais n'ayant plus aucune influence.

Le duc de Luynes, au contraire, devint plus puissant que jamais. Le Roi lui donna l'épée de connétable, promise au vieux maréchal de Lesdiguières. Alors, il n'y eut plus de frein aux insolences du favori. Il alla jusqu'à faire représenter la Reine-mère en une comédie. « Il fait le semblable au ballet
« même du Roi, auquel ledit connétable paraît
« comme dompteur de monstres, la fait mettre

« à genoux devant lui pour l'affaire d'Angou-
« lême, et ensuite, le ventre en terre pour
« celle du Pont-de-Cé; puis, comme si cela
« étoit peu, on amena encore pour la repré-
« senter un géant traîné par deux nains (1). »

Pour porter dignement et mériter l'épée de connétable, il fallait la guerre. Luynes la déclara aux malheureux protestans. Il assiégea plusieurs villes qu'il prit, et vint enfin échouer au siége de Montauban. Le désespoir qu'il en ressentit, et la froideur du Roi, qui commençait à se lasser de ses services, le firent tomber malade. Une fièvre violente le consuma rapidement, et il mourut accablé de malédictions, presque abandonné à sa dernière heure.

Sa mort combla de joie l'évêque de Luçon. Richelieu, si long-temps trompé par lui et ne pouvant agir à force ouverte, tant il s'était compromis par les secrets qu'il lui avait livrés, se voyait déchargé de toutes ses terreurs;

---

(1) Mémoires du cardinal de Richelieu.

et, comme il n'y avait plus de compétiteurs à lui opposer, il arriva jusqu'au trône de Louis XIII.

Aussitôt il obtient le chapeau de cardinal ; la Reine-mère, rentrée en grâce près de son fils, parle sans cesse en faveur de Richelieu ; elle l'introduit dans le conseil du Roi ; il mesure la force de ses collègues ; et, quand il a reconnu sa supériorité sur eux, il n'épargne plus rien ; il met en œuvre tous les ressorts de son génie. Duvair, Jeannin, la Vieuville, tout plie : il les écrase. Puis, il s'empare de l'âme et du corps de son faible maître ; il fait la paix avec les protestans, pacifie la Valteline, donne des secours au duc de Savoie contre la république de Gênes ; et, désormais sûr de sa puissance, il jette un nouveau défi à Marie de Médicis.

L'année 1626 qui commençait, vint révéler la première apparition de son ère sanglante.

XII

Une Nuit d'Orage.

> Les vents soufflent avec violence, et la mer d'Hellé se soulève et roule ses vagues sombres ; les ombres tombantes de la nuit viennent couvrir ce champ ensanglanté.....
>
> (Lord Byron, *la Fiancée d'Abydos*, traduction d'Amédée Pichot.)
>
> L'extrême valeur des combattans se faisait remarquer à leur contenance, et plus encore à la manière dont ils se rencontrèrent....
>
> (L'Arioste, *Roland furieux*.)

C'était dans les premiers jours de novembre. Le ciel, couvert à l'ouest de grands nuages jaunâtres, annonçait une soirée d'orage ; le vent soufflait à peine ; et, quand il agitait les arbres et les rameaux des saules qui bordaient la route marécageuse, ce n'était point ce souffle rafraîchissant et embaumé de la brise, si désiré par les habitans des vallées voisines de la mer après une journée brûlante.

Trois cavaliers, tous parfaitement montés, arrivèrent au sommet d'une petite éminence d'où l'on découvrait un point de vue délicieux. Une vallée, à peine large d'un quart de lieue, se trouve encaissée entre deux hautes collines dont la cime et les flancs sont couverts de grands bois. Sur le revers oriental, plusieurs châteaux forts laissaient apercevoir leurs élégantes tourelles, tandis qu'au milieu de la prairie, coupée en mille replis par la rivière d'Orbec, le magnifique château des seigneurs de Mailloc-Yvon semblait étaler avec orgueil sa base massive de pierres blanches et ses hautes murailles crénelées.

Si l'œil voulait pénétrer au-delà, une nouvelle éminence de terre, semblable à un promontoire, s'avançait au Levant toute couverte de bouleaux, et bifurquait la prairie, qui alors se divisait en formant deux vallées, celle d'Orbec et celle de Fervaques. Ce site était vraiment enchanteur. Un des trois cavaliers paraissait vouloir accorder son admiration à ce tableau digne de Claude Lorrain ou de la brillante palette de Roqueplan ; cette végétation vivace encore, cette nature d'automne qui donne aux rameaux des arbres une couleur rougeâtre, des tons si chauds qui s'harmonisent si bien avec le jour mélancolique de cette partie de l'année, tout cela arracha une exclamation au voyageur.

— Je consentirais volontiers, dit-il, à passer le reste de ma vie dans ce château que j'aperçois sur le versant de la colline et qui domine tout ce beau pays.

Et, comme le cavalier s'arrêtait pour examiner son élégante architecture, un de ses compagnons lui dit d'un ton bref, que son accent étranger rendait plus dur encore :

— Comme vous, comtesse, j'admire ce paysage; mais, dans la position où nous nous trouvons, il serait plus prudent d'enfoncer les éperons dans le ventre de nos chevaux que de leur tenir le mors, afin d'admirer ces bois que le vent d'ouest a rendus couleur de sang.

— Vous choisissez mal vos images, sir Wordester, reprit la dame qu'il avait qualifiée du titre de comtesse, surtout en présence d'une femme faible et malheureuse que poursuit la sanglante main du cardinal.

— Je vous demande pardon, madame, reprit Wordester, et je crois que le motif qui m'a fait parler ainsi sera mon excuse, puisqu'il s'agit de votre vie; mais lâchez la bride à votre genêt; j'entends un bruit de chevaux.

— Nos persécuteurs ne peuvent être déjà si près, s'écria la dame alarmée; à Lisieux, nous avions une heure et demie d'avance sur ces misérables.

— Descends à terre, Hug, dit le chevalier anglais à son écuyer; et mets l'oreille sur le sol.

Hug obéit, et remonta aussitôt à cheval, en disant que bien certainement des cavaliers arrivaient.

— Ne vous effrayez pas, comtesse, reprit Wordester; nous allons traverser la prairie. A la hauteur du Tordouet, la rivière est guéable, et, une fois de l'autre côté, les bois nous serviront de refuge jusqu'au château du vieux seigneur du Rouvray.

Et ils partirent de toute la vitesse de leurs chevaux.

Le crépuscule laissait tomber ses lueurs sombres; le vent, qui soufflait avec plus de force à l'approche de la nuit, agitait les chênes et les sapins de la forêt. On entendait à chaque instant des craquemens prolongés ou des gémissemens plaintifs. Cela ressemblait à une horrible et sauvage harmonie : quelques lointains bourdonnemens du tonnerre venaient se mêler à ce grand concert de la nature courroucée, et disposaient l'âme à ce recueillement solennel qui fait croire à la toute-puissance de Dieu.

Bientôt le bruit des chevaux, qui avait effrayé la comtesse et ses deux compagnons, devint plus distinct; un éclair, qui sillonna la nue, permit d'apercevoir deux hommes enveloppés dans leurs longs manteaux. Lorsqu'ils furent arrivés au sommet du monticule dont nous avons parlé plus haut, ils quittèrent le chemin et descendirent aussi dans la prairie.

— Par la bataille de Coutras! disait celui qui paraissait le plus âgé, nous pouvons maintenant ralentir notre marche précipitée; quoique l'orage menace d'éclater prochainement, nous ne courons plus aucun risque de nous égarer sur les bruyères, et nos pauvres bêtes ne se trouveront pas plus mal d'aspirer moins vite un peu d'air avec leurs naseaux enflammés. Par la bataille de Coutras!.... Qu'en dites-vous, mon jeune ami?

Le jeune homme, dont la figure était cachée dans le col de son manteau, ne répondit que par une exclamation de colère, et enfonçant de nouveau l'éperon ensanglanté dans les flancs de son cheval, il lui fit recommencer une course si rapide, qu'on l'eût cru porté sur les ailes de la tempête qui le menaçait.

— Par la bataille de Coutras, et par les mânes de mes pères! disait son vieux compagnon en le suivant, depuis la déroute de messeigneurs d'Espagne sous les murs de Paris, je n'ai vu âme damnée tuer un cheval aussi vite. Holà! mon jeune maître, vous allez vous briser les os et me faire contusionner ce que les ennemis de la France m'ont laissé de passable..... et, comme vous savez, je n'ai plus qu'un bras.... Mais voyez s'il m'écoute!.... A peine si je vous vois, mon fils, j'ai perdu l'œil droit à Coutras, et Dieu me damne si le gauche n'a pas reçu la poudre d'une mousquetade à la grande bataille!.... Mon maître, mon enfant, je n'en puis plus, ni mon pauvre Blondin; voulez-vous qu'ici l'équarrisseur fasse fortune, et qu'un mauvais coin de marécage soit le lieu où je ferme les yeux — c'est-à-dire — mon dernier œil, moi que le grand, l'immortel champ de bataille de Coutras.....

— Allons ! s'écria le jeune homme avec humeur en ralentissant quelque peu sa marche, tu es décidément fou, pour me parler de semblables balivernes en ce moment.

— Balivernes ! balivernes ! jeune homme, on ne parlait pas encore de vous, que j'avais reçu vingt blessures ; et depuis que vous êtes au monde, c'est-à-dire depuis environ dix-sept ans, la manie de semblables balivernes m'est venue si souvent, que, ma foi, je ne ressemble pas trop mal, comme dit le chevalier de Friardel, à un vieux tronc de chêne à moitié émondé.

— Friardel et toi, dit le jeune cavalier, vous êtes deux têtes blanches qui figureraient avec beaucoup d'honneur dans une collection de fous.

— Par la bataille de Coutras ! reprit le

vieillard avec colère, voilà une réponse qui achève l'œuvre! C'est pour me remercier de mes bons soins, de mon amitié..... Allez, ajouta-t-il avec une émotion douloureuse, allez, jeune homme, avant que vous ayez une barbe et des cheveux aussi blancs que ceux que je porte, vous aurez appris à réfléchir, et vous sentirez alors le mal que fait l'injure adressée à un vieillard!

Puis il garda le silence, mettant son esprit à la torture pour savoir quelle cause portait son enfant chéri, son maître bien-aimé, à lui adresser des paroles aussi dures. Mais le jeune cavalier, en entendant les derniers mots du vieux gentilhomme, avait senti un remords s'élever au fond de son âme, et, ralentissant tout à coup l'élan de son cheval, il le mit au pas et vint serrer la main de son père adoptif.

— Pardon, lui dit-il, pardon, mon meilleur ami; je t'ai offensé, je le vois, mais je n'étais pas maître de ma pensée, quand tu me racontais ton ancienne bravoure. Oui, je sais que tu as combattu à Coutras, aux côtés de Henri-le-Grand; je ne serais pas même étonné que ce fût toi qui donnas le premier coup d'estocade au duc de Joyeuse; tu es un noble gentilhomme; ton ami Friardel a raison de dire que tu ressembles à un tronc d'arbre émondé. Oui, oui, tout cela est vrai, mais il reste encore le bras droit et la tête, et j'espère bien que nous irons ensemble en Italie, faire voir au duc de Toscane que le tronçon d'une vieille épée vaut souvent mieux que leurs belles lames d'André Ferrare !

— Ah ! s'écria le vieux chevalier en soulageant sa poitrine d'un poids énorme, voilà le noble sang qui parle, je te reconnais, mon enfant, par la bataille......

— Si tu savais, Louis, mais il faut que je t'en instruise, car toi seul peux apporter un remède à mes peines ou me consoler, si toutefois il y a des consolations aux douleurs de l'âme. Ce matin, à Lisieux, quand je t'ai quitté, sans mot dire, dans le palais épiscopal, je me suis rendu au parloir du couvent. Allons, ne me gronde pas, car je suis offensé, par la Vierge ! et j'ai dans les veines du sang qui bouillonne comme si je fusse né dans un pays de feu ! — Ecoute-moi avec attention, et juge, mon vieil ami : j'avais fait demander la sœur Marthe, comme par le passé, prévoyant qu'elle viendrait accompagnée de cet ange que j'aime plus encore que les chants épiques d'Homère ou les brillantes épopées de la chevalerie, eh bien ! cette fois, ce n'est point Marthe qui s'est rendue au parloir. J'ai long-temps attendu, j'ai prié, j'ai versé des larmes ; et quand j'ai entendu des pas pesans retentir dans la longue galerie, quand mon cœur m'a révélé cet instant de bonheur tant de fois désiré et si peu souvent obtenu, la porte s'est ouverte, et au lieu de sœur Marthe, c'était la rigide supérieure du couvent. Elle était seule ; sa vieille physionomie hideuse et ridée me semblait un démon de mauvais augure. Hélas ! je ne me suis pas trompé ! Après un long sermon dans la forme des lamentations de Jérémie, sur les dangers des *amitiés de la jeunesse*, sur les malheurs qui résultaient souvent des alliances mal assorties, elle a tiré de sa poche une lettre de madame de Miranio, la mère de Nysmi..... une lettre affreuse ! Ah ! je sens des pleurs de sang sous mes paupières, quand j'y songe ! Mon amour pour Nysmi est un crime, mon amour est une folie, parce que Nysmi est la fille d'une comtesse d'Espagne, là, où les mendians ont tous des écussons armoriés ; et parce que moi, je suis un orphelin, un enfant perdu, abandonné, sans nom ,.... — parce que je suis un bâtard ! le mot y était !!!

Le jeune cavalier pleurait, et serrait avec une force convulsive la garde de son épée.

— Mais cette abbesse de l'enfer (que Dieu me pardonne), reprit-il, elle a poussé la cruauté jusqu'à ses dernières limites, elle a fait venir Nysmi au parloir, sans doute d'après les ordres de madame de Miranio; et, après avoir dit à Nysmi, à ma sœur d'enfance, de rappeler tout son courage, elle a ajouté qu'une demoiselle de grande maison ne devait avoir que des goûts nobles, qui fussent dignes d'elle et de sa famille; qu'un homme sans nom ne pouvait ni ne devait prétendre à rien; qu'il y aurait honte à elle à quitter le vieux nom des Miranio pour n'en pas retrouver un plus éclatant; qu'il fallait laisser ces pensées basses aux filles du peuple qui n'avaient ni parchemins à gagner ni parchemins à perdre; puis elle nous a engagés, en souriant, à nous dire adieu, un adieu éternel... Et j'ai entendu tout cela, moi ! et je n'ai pas rugi derrière cette grille comme un lion qui vient de perdre sa compagne ou ses lionceaux ! J'avais l'âme brisée ! je n'avais plus de courage... Un malheur subit arrache souvent à l'homme toute son énergie. Mais ce n'est pas tout encore ! Nysmi, cette perle que j'entourais dans mes rêves enchanteurs d'une auréole divine, cette enfant, que tu as vu grandir près de moi, pour qui j'ai tout mis en œuvre, afin de lui rendre sa jeunesse plus douce ; que j'emportais dans mes bras à peine plus forts que les siens, dans des jours d'orage ; cette enfant que je veillais les nuits pendant son sommeil, afin de lui épargner les angoisses de la peur, eh bien ! elle a oublié tout cela ; car, à l'instant où la supérieure m'a ordonné de quitter le couvent, elle n'a pas pleuré ! Oh ! n'est-ce pas qu'il y a de quoi se laisser mourir ? Une jeune fille que j'ai tant aimée ? tu le sais, toi, mon vieux Louis, sa mère ne l'a-t-elle pas aussi abandonnée jusqu'à ce jour ? N'est-ce pas toi qui, à la sollicitation de la malheureuse maréchale d'Ancre, as pourvu aux besoins de son enfance d'orpheline ? Et, quand tu allais être récompensé de ta sollicitude, une mère qui s'était jusqu'alors montrée si insouciante, surgit comme un spectre de malheur, et vient réclamer un bien qu'elle avait regardé comme ayant trop peu de prix pour le réclamer. Oh ! pourquoi n'ai-je pas un titre de gloire ou le nom d'une mère à jeter à la face de cette orgueilleuse Espagnole; mais je n'ai rien de tout cela!

— Calmez vos chagrins, mon enfant; cette cause n'est pas perdue jusqu'à en désespérer, reprit le vieux sire du Rouvray avec émotion, car il est temps de faire connaître ces anciens personnages de notre histoire. Stelli, ce jeune orphelin, devenu un grand et beau garçon de dix-sept ans, excellent écuyer, plein d'adresse à la chasse et dans les passe-d'armes, était impérieux, fier, entreprenant; mais son âme généreuse palliait aussitôt et réparait les excès dans lesquels son caractère ardent l'entraînait quelquefois.

Après sa confidence au vieillard, il caressa le cou de son cheval tout couvert d'écume, et se disposait à repartir quand, aux lueurs d'un éclair qui avait incendié l'horizon, il aperçut une petite troupe de cavaliers qui cotoyaient la rivière.

— J'ai vu des armes briller, mon père,

s'écria-t-il : quelles que soient les intentions de ces cavaliers, hâtons-nous ; ils sont au moins trois contre un, et je les crois plutôt ennemis qu'amis.

L'un et l'autre armèrent leurs pistolets ; et, après quelques minutes, ils atteignirent le gué.

Cependant le chevalier anglais, sa compagne et son écuyer n'arrivaient pas à ce but, qui d'abord leur avait paru si facile. L'obscurité de la nuit, l'orage grondant avec furie, et de larges gouttes d'eau qui commençaient à leur frapper le visage, avaient empêché Wordester de reconnaître le gué. Ils erraient sur le bord de la rivière, avançant, reculant, et cherchant à découvrir, aux lueurs des éclairs qui devenaient de plus en plus rares et moins brillans, le passage tant désiré.

Ils attendaient un nouvel éclair pour se remettre en marche, quand Stelli et le vieux Louis du Rouvray arrivèrent près d'eux.

Stelli était encore bouillant de colère; il s'écria d'une voix presque menaçante :

— Allons, qui que vous soyez, faites place! nous sommes ici sur notre territoire, et la voûte du ciel est un mauvais abri par le temps qu'il fait.

— C'est vrai, répondit Wordester avec calme, remarquant qu'ils n'étaient que deux, et ne pouvaient par conséquent être ceux qui les poursuivaient. Nous cherchons le gué, monsieur, ou monseigneur, n'importe, ajouta le chevalier anglais, et si vous ne nous l'indiquez, je crains bien d'être forcé de passer ici cette nuit épouvantable.

— Qui donc êtes-vous, reprit Stelli avec humeur, pour vous abandonner sans guide dans ce pays?

— S'il faut vous décliner nos noms, monsieur, pour vous payer votre obligeance, repartit Wordester avec hauteur, nous ne l'emploierons pas.

— Tant pis ! dit Stelli, en faisant partir son cheval au trot; adieu.

Ce n'était pas pour le plaisir de rendre un mauvais office que le jeune orphelin paraissait cruel. Un soir qu'il revenait d'Orbec, deux hommes l'avaient rencontré derrière le val de Beauvoir; ils allaient, lui dirent-ils, au château de la Cressonnière, et, s'étant égarés dans la forêt, ils le supplièrent de les remettre dans leur chemin. Stelli, qui avait un bon cheval, voulut les accompagner. Quand ils se trouvèrent enfoncés dans les bois, ils se jetèrent sur lui, et l'auraient probablement assassiné, sans l'arrivée subite de plusieurs honnêtes sabotiers qu'avaient attirés les cris du pauvre Stelli. Depuis ce temps, il avait quelque défiance des aventuriers nocturnes; et certes, elle n'était pas dépouvue de fondement. Mais la comtesse, qui voyait s'en aller leur sauvegarde et l'espérance d'échapper au danger, adressa quelques mots à Wordester :

— Messieurs, s'écria l'Anglais avec embarras, écoutez! un mot de plus, il y va de la vie d'une dame, d'une noble dame.

Stelli revint à la hâte, et le vieux chevalier s'écria :

— Par la bataille de Coutras! mon enfant, il faut la secourir; d'ailleurs, nous avons nos pistolets et nos épées, si l'on nous attaquait.

Mais à peine eut-il le temps d'achever, que la dame arriva près de lui en s'écriant :

— C'est donc vous, mon bon Rouvray? Ah! le ciel ne m'abandonne pas encore au jour de l'affliction.

Elle avait reconnu le vieux gentilhomme à son exclamation favorite.

— Par la bataille !..... c'est moi, c'est bien moi, dit Rouvray; mais quoique votre voix, ma belle dame, ne me soit pas inconnue, je perdrais ma langue et mon dernier œil avant de dire qui vous êtes.

— Je suis la malheureuse comtesse du Fargis.

— Vous ici ! s'écria Stelli en lui saisissant la main, qu'il baisa avec transport; vous, ma bonne comtesse; vous, que je n'ai pas vue depuis six ans ! Mais qu'y a-t-il ? au nom de la Vierge, vous tremblez.

— J'ai froid d'abord, et ma tête est mise à prix. — Ainsi, ne perdons pas un instant, on nous poursuit. Je vous raconterai cela.

Un nouvel orage sans doute arrivait, porté par les vents d'ouest, car deux éclairs inondèrent de lumière toute la vallée.

Madame du Fargis poussa un cri de douleur; elle venait d'apercevoir à une distance peu éloignée la troupe de cavaliers qui les poursuivait.

— Ce sont des hommes à la livrée du cardinal, s'écria Stelli; tant mieux, nous n'aurons pas de remords au moins, tandis que si c'étaient des gens du Roi, il faudrait viser deux fois avant de toucher à la détente.

— Par mon ancêtre du Mont Saint-Michel ! repartit Rouvray, nous allons avoir une besogne aussi rude qu'à la grande bataille de...

— Silence! dit Stelli en l'interrompant, gagnons l'autre rive, et, s'ils se hasardent à traverser l'Orbiquette, leur linceul sera plus humide que celui des Bourguignons de Morat.

En un instant, ils furent sur le bord opposé; et, faisant volte-face, ils se préparèrent à disputer le passage aux sicaires de Richelieu.

— Nous ferions mieux de fuir, dit madame du Fargis en voyant l'infériorité du nombre de ses amis.

— Fuir! s'écria Stelli avec enthousiasme, non, madame, il faut qu'il n'en reste pas un pour aller indiquer votre trace au cardinal, ou que nous périssions tous!

— C'est parler comme un Douglas, repartit Wordester en serrant la main de Stelli; ils sont trois contre un, jeune homme; mais les paroles que vous venez de prononcer sont celles d'un noble gentilhomme.

— Il est brave comme une race de héros, s'écria le vieux Rouvray, par...

— Allons, tais-toi, Louis, reprit le jeune cavalier, et surtout ne jure pas, car ta bataille de Coutras est connue comme la chanson de Henri-le-Grand. Madame, au nom du ciel, retirez-vous à l'écart : mais auparavant souffrez que je mette mon manteau de fourrures sur vos épaules.... Sainte Vierge! éloignez-vous, les voici, et nous allons les recevoir avec des pistoletades et des coups d'épées. Bien! ne jure pas, Louis... messire Etranger, combattons côte à côte, voici les écrevisses.

— Au nom du Roi et de monseigneur le cardinal, bas les armes! s'écria le chef de la petite troupe de l'autre côté de la rivière.

— Vous êtes assurément fou pour parler ainsi, repartit le jeune cavalier; nous ne vous connaissons pas, monsieur le sergent; et d'ailleurs, nous avons un rempart qui nous protégera contre tous les cardinaux possibles; retournez à Lisieux, mon brave, vous serez plus certain d'y trouver ceux que vous cherchez.

— Vous êtes un drôle bien insolent pour le valet d'un chevalier anglais, reprit le sergent; encore une fois, bas les armes, ou vous êtes mort!

— Tu n'auras pas l'honneur de tuer un si brave gentilhomme après l'avoir insulté, s'écria Wordester en l'ajustant de son pistolet.

Le coup partit, mais la balle dévia et s'en alla frapper le soldat qui se trouvait à côté du sergent.

— En avant! s'écria le chef de la troupe en se précipitant le premier dans la rivière. Soldats, suivez-moi!

— Les pistolets! dit Stelli, les pistolets! que chaque coup porte, et nous n'aurons plus qu'un adversaire pour croiser l'épée. Bien, mon vieux huguenot! en voilà trois qui ne nageront pas plus loin que l'Océan. A vous, Wordester, voici le chef qui saute sur la rive!

Ce fut alors qu'un combat horrible s'engagea. Six cavaliers étaient parvenus à prendre pied, et, sûrs de leur force, ils attaquèrent les trois amis avec un acharnement féroce. Hug, le valet de Wordester, ayant été tué au premier coup de feu, Stelli et ses deux compagnons eurent chacun deux adversaires à combattre. Le ciel semblait vouloir suivre l'issue de ce duel sanglant, car les lueurs électriques se succédaient alors avec une rapidité excessive, décrivant dans la nue des sillons de feu qui éclairaient cette scène de carnage. La pluie avait cessé, et le cliquetis des épées se mêlant au bruissement des arbres de la forêt, donnait à cette lutte quelque ressemblance à ces combats d'anges déchus contre les séraphins, décrits par Milton dans des pages d'une poésie effrayante.

Stelli avait déjà reçu une légère blessure à la poitrine, et ses deux assaillans le pressaient avec une fureur plus ardente ; voyant le péril qu'il courait, il jeta son cheval de côté avec la rapidité de la pensée ; et, rassemblant toute son énergie et toute sa force, il fendit le crâne du sergent en second qui tomba. Se débarrasser de l'autre fut la peine d'un coup d'épée. Il n'y avait pas une minute à perdre ; Wordester, assailli par le sergent et deux autres cavaliers, implorait le secours de Stelli avec désespoir, quand celui-ci arriva à son aide ; l'Anglais, secouru si à propos, retrouva tout son courage ; et, à la manière des Orientaux, il fit voltiger son épée au-dessus de sa tête ; puis elle redescendit en champ sur le cou d'un cardinaliste qui fut à moitié décollé.

De son côté, le vieux Louis du Rouvray tenait tête à un vigoureux cavalier ; mais les années avaient consumé la première vigueur du vieillard ; il commençait à plier ; son bras ne soutenait plus que mollement sa lourde épée. Stelli s'en aperçut. Alors, oubliant sa sûreté pour ne songer qu'à conserver la vie de son vieux père adoptif, il s'élança sur l'assaillant, et lui traversa la poitrine d'un coup d'épée ; il allait revenir combattre avec Wordester, quand le sergent, qui l'avait suivi, le frappa à la tête. — Le malheureux Stelli tomba à bas de son cheval baigné dans son sang !...

— Misérable ! s'écria Wordester, tu n'iras pas raconter ta victoire à l'infâme cardinal ; c'est ici que tu auras ta dernière pensée.

Et, lançant son cheval avec une rage désespérée sur le sergent, il l'atteignit. Comme celui-ci, resté seul de toute sa troupe, allait repasser la rivière, l'épée du chevalier anglais toucha le pommeau garni de fer de la selle du soudart et se brisa par le milieu.

— Apportez-moi votre arme, vieillard ! s'écria Wordester, qui se trouvait dans une position affreuse, réduit à parer les coups multipliés du sergent avec un tronçon émoussé. Votre épée ! vieillard !!

Mais le pauvre Louis du Rouvray n'entendait pas; il était penché sur l'infortuné Stelli, maudissant Dieu, les hommes, et surtout le cardinal.

— Que dira sa mère? pensait-il. Comment oserai-je me présenter devant elle pour lui annoncer la mort de son enfant chéri? O mon Dieu!

Cependant Wordester ne perdait pas courage; il se défendait comme un animal furieux, blessé, qui intimide encore les chasseurs armés : à la fin, dévoré par la vengeance, il força son cheval à se cabrer, et le poussant rudement sur son adversaire, il l'étreignit à la gorge et se jeta à terre en l'entraînant dans sa chute. Là, se renouvela une autre lutte non moins opiniâtre, quoique moins sanglante. Tous les deux étaient robustes; ils roulèrent sur le sol humide, labourant tout, jusqu'à ce que Wordester, faisant un effort surhumain, parvint à s'appesantir sur le corps du sergent. Ils se trouvaient presque sous les pieds de leurs chevaux, proférant l'un et l'autre de paroles de vengeance, quand Wordester sentit le tronçon de son épée, dont il s'empara.

— Je t'ai dit que tu mourrais ici, lui cria-t-il ; je n'aurai pas juré en vain !

Et trois fois il lui plongea sa lame brisée dans la poitrine.

— Il y va de la vie de quatre personnes nobles, ajouta l'Anglais ; il faut que le cardinal perde ici notre trace.

Alors, soulevant le corps du sergent, il le jeta dans la rivière où ses compagnons gisaient déjà, entraînés vers l'Océan.

Madame du Fargis était revenue sur le lieu du combat ; Wordester la trouva occupée à ligaturer la tête du jeune Stelli, tandis que le vieux Rouvray, navré de douleur, disait, en préparant le cheval de son jeune maître :

— Durant tout le cours de ma longue et douloureuse existence, j'ai moins pleuré qu'aujourd'hui...

Mais bientôt Stelli revint de son évanouissement; sa blessure étant peu dangereuse, le bon Rouvray mit un frein à ses alarmes; et tous les quatre, ils reprirent le chemin du château de messire Louis, où ils arrivèrent au milieu de la nuit.

XIII

L'Esprit Mystérieux.

> Silence, ce n'est pas l'heure de maudire, mais de prier.
> (Lord Byron, *le Ciel et la Terre*.)
>
> Elle le contemplait avec amour et douleur comme notre bon ange à l'heure où quelque danger nous menace.
> (*La Marquise de Charny*.)

Le château du vieux gentilhomme était situé sur le versant d'une belle colline. Dans la plus lointaine perspective, les hautes murailles du manoir de la Cressonnière, ancien domaine qui avait appartenu aux ducs de Longueville, sous Henri II, dessinaient leur lourde façade au milieu d'une avenue de hêtres et de marronniers. Ce site isolé d'un aspect ravissant, présente la forme d'un golfe. Les têtes inégales de plusieurs côteaux boisés le couronnent de leurs dômes de feuillage; et, sous leurs pieds, dans l'étroit plateau sur lequel la base du vieux châtel est assise, une source poissonneuse y roule ses eaux claires en replis capricieux, comme les anneaux d'une chaîne jetée sans art au milieu d'un riche tapis. L'habitation du vieux seigneur annonçait un reste de féodalité; des fossés profonds l'entouraient, et, quoiqu'ils se trouvassent privés d'eau, ils étaient creusés de manière à pouvoir préserver la place d'une tentative de maraudeurs.

Quand la sentinelle, qui se tenait au haut du pont-levis, eut reconnu la voix de son vieux maître, les lourds anneaux de fer descendirent rapidement; et la petite cavalcade harassée, mutilée, entra dans l'intérieur de la forteresse.

Ce fut dans une grande salle meublée à l'antique, et dont les murs étaient couverts de riches étoffes de damas rouge, que le seigneur du Rouvray reçut ses hôtes. Le chapelain du manoir, qui avait des connaissances en médecine, visita la blessure du jeune Stelli ; elle n'offrait aucun caractère alarmant. Il fit une préparation avec quelques simples, et, posant le premier appareil, il assura le vieux chevalier qu'avant une semaine Stelli serait assez fort pour remonter à cheval et croiser l'épée.

Cependant, au milieu de ses douleurs, le bon vieillard n'oubliait pas qu'un souper lui était nécessaire ainsi qu'à ses hôtes. Des ordres furent donnés, et une table assez somptueusement servie s'éleva comme par enchantement au milieu de la salle dans laquelle ils se trouvaient.

Stelli, sentant à peine sa blessure, disait-il, refusa de se mettre au lit, voulant entendre le récit des infortunes de la belle et douce comtesse.

— Par la bataille !..... madame, dit Louis

du Rouvray en lui offrant un verre de vin de Chypre, nous pouvons remercier Dieu de nous avoir délivrés d'un grand péril. Du diable, si monseigneur de Richelieu pourra découvrir le lieu de votre retraite ! — Allons, sir Mordester, je crois, faisons honneur à ce flacon ; après, vous nous conterez vos aventures. Elles doivent être curieuses. C'est comme les miennes. Oh ! par la grande bataille de Coutras ! j'ai été témoin.....

— Ne me refusez pas, comtesse, s'écria Stelli en se hâtant d'interrompre le vieux chevalier, si bien disposé à les régaler de son interminable histoire de Coutras. — Qu'avez-vous fait pour être ainsi poursuivie par le cardinal ? Dites. Vous joindrez vos infortunes aux miennes, et, l'un et l'autre, nous implorerons l'assistance du ciel.

— Vous savez, dit madame du Fargis, le despotisme affreux qui pèse sur la France depuis que Marie de Médicis est à peu près éloignée des affaires. Le faible Louis, ce Roifantôme, à qui il faut toujours un favori, s'est laissé étreindre par le cardinal de Richelieu; celui-ci, sûr de sa force, l'étouffe sous son amitié cruelle. Cette humiliante puissance a soulevé les haines de la plus grande partie des seigneurs de la cour. Les dames, soit par curiosité, soit par étourderie ou par bravade, comme cela arrive souvent, ont voulu suivre l'exemple des seigneurs. Une conspiration s'est tramée dans l'ombre, conspiration sainte, solennelle; car les femmes mentent quelquefois à leur renommée. — Il s'agissait de l'abaissement du cardinal; les uns voulaient sa mort par un assassinat, d'autres voulaient le faire périr sur l'échafaud, quand le roi aurait été forcé d'y adhérer; les plus nombreux opinaient pour l'exil. — Henri de Tallerand, comte de Chalais, amant de la belle duchesse de Chevreuse, était à la tête de la conjuration. Ayant su par Anne d'Autriche le peu de confiance qu'on devait avoir dans la personne royale, si on affectait la générosité, Chalais s'arrêta aux moyens extrêmes. Une partie de chasse fut organisée. Le cardinal étant à Fleury, le duc d'Anjou (Gaston d'Orléans), le comte de Soissons, les ducs de Longueville, de Vendôme et d'Espernon, le grand-prieur de France, la duchesse de Chevreuse, le marquis de La Valette et moi, devions aller demander la collation au cardinal (1). Chalais, dont le cœur était généreux, changea de résolution, se proposant, avant de frapper Richelieu, de le supplier de quitter les affaires, et de le soustraire aux périls qui le menaçaient; s'il refusait, alors Chalais remplirait jusqu'au bout la mission terrible qui lui avait été confiée.

« Le matin du jour fatal, après que nous fûmes tous partis, M. de Chalais rencontra le commandeur de Valençay. Funeste et sanglante rencontre!... Je ne sais quelle fatalité ou quel mauvais génie le poussèrent à lui confier son dessein. Le commandeur lui

---

(1) Le continuateur de Mézeray, *Histoire de France*.

reprocha sa trahison, l'énormité du crime;
Et il le menaça de tout révéler au cardinal, s'il ne le faisait lui-même à l'instant.
Chalais, épouvanté par ces menaces, consentit à aller trouver le cardinal, *qui le remercia beaucoup, et qui le pria d'en aller avertir le Roi; ce qu'il fit.* Aussitôt, Richelieu quitta Fleury, et vint à Fontainebleau. On lui donna une escorte considérable, et la cour partit pour Blois (1). Chalais raconta à Anne d'Autriche, et à madame de Chevreuse, sa maîtresse, tout ce qui s'était passé, afin que les conjurés se tinssent sur leurs gardes; mais le ciel en avait ordonné autrement. A Blois, le grand-prieur et M. le duc de Vendôme furent arrêtés, et transférés immédiatement dans le château d'Amboise. Le maréchal d'Ornano, gouverneur de Gaston d'Orléans, fut envoyé dans la forteresse de Caen, et Chalais arrêté à Nantes par ordre du Roi...... »

---

(1) *Mémoires du maréchal de Bassompierre.*

— Donnez-moi quelques gouttes de vin de Chypre, Wordester, dit madame du Fargis en s'interrompant, je frissonne. Après quelques instans, elle continua son récit :

« Une accusation de haute trahison fut lancée contre le malheureux Henri : le cardinal qui le poursuivait avec une rigueur acharnée, corrompit un misérable, un Louvigny! qui déposa *que Chalais avait dessein de tuer le Roi, que Gaston d'Orléans était de la conjuration, et qu'après la mort de Louis, son frère épouserait Anne d'Autriche.* Après cela, Richelieu vint trouver Chalais dans sa prison, lui promettant sa grâce s'il voulait confirmer les dépositions de Louvigny ; il refusa : mais la torture la plus horrible, et la crainte de la mort le déterminèrent ; il avoua tout ce qu'on exigeait de lui ! — Mais, vous pâlissez, Stelli ! s'écria la comtesse : qu'avez-vous ? »

— Je serais mort cent fois plutôt que de déshonorer la Reine, si j'eusse été Chalais, répondit le jeune blessé... Achevez, madame, je tremble.

— Richelieu était triomphant; il alla tout raconter au Roi. Celui-ci, furieux après les paroles envenimées de son ministre, fit défense qu'aucun homme portant l'épée ne pénétrât, à l'avenir, dans l'appartement de la Reine qu'en sa présence; puis le procès s'acheva; un échafaud fut élevé sur la place publique de Nantes; et, il y a six jours, l'infortuné Tallerand, comte de Chalais, a eu la tête tranchée.

— Grand Dieu! s'écria Stelli, c'est donc ainsi que le cardinal remplit sa mission de paix sur la terre!

— C'est une mission sanglante que la sienne, répliqua Wordester d'une voix sombre.

— Mais vous, ma bonne comtesse, reprit Stelli, qu'avez-vous fait pour encourir la haine du terrible cardinal?

— Hélas! nous avons voulu ameuter la populace pour sauver le malheureux condamné : voilà tout.

— Eh bien! s'écria Stelli avec enthousiasme, c'est moi qui vous vengerai du cardinal!

L'effort qu'il fit en proférant ces paroles fit rouvrir sa blessure ; la fièvre s'empara de lui, il eut un long délire pendant lequel on l'entendit prononcer lentement ces paroles :

—Chalais... Richelieu... Marie de Médicis... L'échafaud !!!

On lui fit prendre un breuvage somnifère qui rendit un moment de calme et de sommeil à ses esprits agités.

Le bon Louis du Rouvray voulut veiller seul son enfant chéri, malgré les offres réitérées de la comtesse et du chevalier anglais. Quand le vieillard se trouva seul, lorsqu'aucun bruit ne se fit plus entendre dans le château, il écrivit une longue lettre dans laquelle il raconta tous les événemens de la soirée ; il y apposa un autre sceau que le sien ; puis, au point du jour, un valet de confiance, monté sur un bon cheval, partit en emportant le message.

Le lendemain, après le déjeûner, Wordester fit part à son hôte de la résolution qu'il avait prise de le quitter pendant quelques semaines.

— Notre sûreté l'exige, dit-il, quoique aucune preuve vivante ne puisse être présentée pour nous accuser; mais, avec le cardinal, il faut se tenir sur ses gardes. Cependant je voudrais bien ne pas trop nous éloigner des bords de la mer; là, en cas d'alarme, une barque peut mettre aisément quelques lieues d'Océan entre le péril et nous.

— S'il était possible de faire savoir à Richelieu que nous sommes passés en Angleterre, s'écria madame du Fargis, notre existence ne serait plus menacée.

— Par la bataille de Coutras! madame, voilà une idée excellente, reprit Rouvray : Hugues, baron de Guerpel, un de mes bons amis, commande dans la ville d'Honfleur; il gémit, comme tant d'autres, de l'oppression dont le cardinal nous accable; un mot de moi, porté par un homme de confiance, suffira. Je vais lui écrire. Dans trois jours, M. de Richelieu saura que vous avez été poursuivie par Hugues de Guerpel, mais qu'un navire anglais s'étant montré à quelque distance, il s'est vu forcé de rentrer au port. Par Dieu! voilà tout trouvé!..

—Vous nous sauverez encore une fois, mon bon Rouvray, dit madame du Fargis en lui pressant la main sur son cœur; c'est une dette énorme que des temps meilleurs peuvent seuls nous faciliter à payer; mais, hélas! qui sait si nous les verrons?

Il y avait une douleur si réelle dans ces paroles de la belle comtesse, que le vieillard ne put même prononcer son exclamation favorite; une larme vint mouiller sa paupière, et roula comme une perle sur ses longues et épaisses moustaches blanches.

—La Normandie, reprit le chevalier anglais, doit être peu soumise à la volonté du cardinal; elle a toujours conservé son vieux caractère d'indépendance unitaire; elle se rappelle ses ducs si puissans et si redoutés, et sans doute si elle plie, ce n'est qu'au nom du Roi. Moi-même j'ai hérité d'une part de cet esprit national ; car mes ancêtres étaient Normands ; je me nomme Wordester de Grandmesnil, et j'espère que nous pourrons trouver un bon gentilhomme disposé à accueillir un malheureux banni.

— Sans doute, sans doute. Par la bataille... Pourtant je vous avoue, monsieur Mardester de Grandmesnil, qu'il y a des gentilshommes qui mentent au sang du vieux sol ; ainsi, gardez-vous de rester trop long-temps sur les terres des seigneurs de Bienfaite ; les barons sont attachés en diable au maudit cardinal ; mais laissez venir des jours de joie, et je leur apprendrai à sortir l'épée du fourreau pour la cause du juste. Par l'immortel champ de bataille ! il fera beau voir.... mais je vous ferai conduire à Orbec, une petite ville où le célèbre poète italien, Arioste, aurait placé sa Discorde s'il l'avait habitée pendant un mois ; on y respire un léger parfum de calomnie qui asphyxierait sans le site enchanteur de la vallée et sans l'air pur du vent du soir qui embaume la ville par l'odeur qu'il apporte des bois de Beauvoir; puis, vous trouverez là un noble hôte, le baron Jean du Merle; c'est un digne rejeton des vieux chênes; il compte six siècles de loyauté et de bravoure attachés à son nom. Vous irez là sous le titre de comte de Grandmesnil; madame la comtesse prendra le nom qui lui passera par la tête; et, Dieu et diable! la soutane rouge n'aura pas d'acolytes pour vous en faire partir.

Quelques heures après cet entretien, Wordester et sa belle compagne étaient sur la route d'Orbec.

Trois jours s'écoulèrent. Stelli souffrait encore de sa blessure, mais pas assez pour exciter d'alarmes. Cependant le vieux Rouvray ne le quittait point; il avait fait disposer un lit dans sa chambre, et le veillait nuit et jour. Dame Marienne, intendante du château, espèce de sergent-major en jupe à longue taille, sous la volonté de qui tout pliait, mais au fond du cœur bonne et sensible, trouva que le malade était dans une chambre malsaine, située au nord, et que l'exposition du soleil du midi convenait mieux dans cette saison de l'année. Or, comme dame Marienne avait élevé Stel (abréviation du nom de son protégé) et la jolie Nysmi, elle voulait que le blessé fût transporté dans la petite chambre attenante à la tourelle qui donnait sur le bois. La parole de dame Marienne était un ordre, même pour le vieux seigneur du Rouvray; et, quoiqu'il murmurât d'être forcé de coucher les nuits dans une autre pièce que celle occupée par son enfant, il se résigna, après avoir juré deux ou trois fois *par sa bataille*, disant que ce devait être pour le mieux, puisque dame Marienne l'avait voulu.

La chambre dans laquelle on porta le blessé était peu spacieuse. Un lit, une petite table à écrire, deux énormes fauteuils sculptés la meublaient, et, avec tout cela, trois personnes suffisaient pour la remplir : une fenêtre placée au fond laissait apercevoir le dôme de feuillage des chênes de la forêt. A l'extrémité de la pièce une petite porte, recouverte d'une tenture de brocart, communiquait à la tourelle de l'ouest, une des quatre principales qui flanquaient le vieux châtel.

Stelli entrait en convalescence; depuis quelques jours il se levait; et l'énergie de son caractère reparaissant avec la santé, lui faisait envisager sa position si douteuse avec de sombres nuances et une amertume cruelle.

— Si encore, disait-il dans ces instans de douleur, j'avais une mère à qui je pusse confier mes chagrins, ils me sembleraient moins cuisans; mais je n'ai personne au monde; pas une âme, ou présente ou éloignée, n'a d'affinitiés mystérieuses avec la mienne; je suis un orphelin abandonné!..... Oh! qu'il y a de désespoir dans la vie d'un homme qui n'a jamais connu sa mère, qui n'a jamais reçu de ses tendres caresses ou pleuré sur son sein!

L'amour d'une mère doit être un bonheur qui approche des joies du ciel. Je ressens cela, quand j'en vois une tendre et dévouée embrasser son enfant chéri, et j'en suis jaloux! ces caresses-là me font mal!.... La philosophie est impuissante contre certaines douleurs : on ne se résigne pas de bon gré à endurer de sanglantes tortures; et ce sont des tortures pour moi de voir tant de félicités aux autres, quand je n'ai pas même le nom d'un père à prendre, les embrassemens d'une mère à recueillir et l'amour d'une femme à espérer!... Oh! si le courage est le révélateur d'une haute naissance, ce doit être du noble sang qui coule dans mes veines; car la vue d'une épée ou d'un coursier de bataille me donnent du froid au cœur ou me font frémir d'impatience! Les récits de la chevalerie sont les seuls qui peuvent m'intéresser; je ne songe qu'aux combats, qu'au bruit de la trompette des camps, et je n'ai pas un nom à jeter à un général pour lui dire : Je serai brave et courageux comme mes ancêtres ; donnez-moi une épée, et je gagnerai avec elle mes éperons d'or sur le champ de bataille !

— Puis, ajoutait-il ensuite, quand j'ai eu de douces et suaves pensées, quand j'ai bercé mes esprits par de molles rêveries, par des espérances si pleines de bonheur, j'ai aimé d'un amour qui devait être éternel, et l'ambition d'une femme et l'indifférence de l'autre sont venues tout détruire ! Oh ! Nysmi, Nysmi, que ton cœur est changé depuis ces jours lointains où tu habitais ce château, où nous courions ensemble sous les arbres que j'aperçois. Hélas ! les femmes sont cruelles sans doute, puisque l'appât trompeur d'un éclat rapide comme le météore leur fait fouler aux pieds la joie de toute une vie d'amour !

La nuit vint, et Stelli, faisant depuis deux jours la moue au vieux gentilhomme, parce que Rouvray disait que le secret de sa naissance lui était inconnu, s'enferma dans sa chambre, au grand déplaisir du bon vieillard, et, brisé par une fièvre brûlante, il se mit au lit.

Le sommeil vint tard pour le pauvre orphelin ; ses jours d'enfance, si pleins de charmes, qu'il avait passés avec Nysmi, se représentaient à son imagination ardente, il les comparait avec les jours présens, et des larmes de feu roulaient sur ses joues pâlies par la souffrance. Enfin, ses murmures et ses sanglots devinrent moins fréquens ; un profond silence succéda, mais il fut de courte durée. Un bruit de chevaux sembla venir du côté de la forêt ; les feuilles sèches et les branchages criaient en se brisant sous leurs pieds, il approchait toujours, puis on n'entendit plus rien.

Stel, soit que ce bruit eût agi sur ses organes délicats, soit que ce fût la maladie, s'était levé sur son séant, et, quoique sous l'influence du sommeil, il avait les yeux ouverts et prononçait à mi-voix des mots sans suite.

— Ma mère !.... ma mère !.... je n'ai pas de nom..... Le fils du baron de Guitry, reniant le sang noble et la bravoure de son père, a refusé de se battre avec moi..... Je suis un bâtard ! toujours ce mot de bâtard !!! On m'appelle Stelli ou *Stelle*..... Etoile..... Je serai donc comme ces étoiles qui jettent dans la nue un scintillement, puis disparaissent pour toujours..... Pauvre étoile ! répands vite ton auréole de lumière..... Je voudrais mourir comme toi ! et comme toi, je passerai inaperçu, et je mourrai oublié ! O Nysmi ! vous que j'aimais d'un amour d'ange, naïve et belle enfant..... Nysmi, tu m'as trompé ; tu veux devenir une comtesse, tu veux avoir un écusson armorié..... la couronne aux boules d'or..... Moi, je n'avais à t'offrir que la barre illégitime au milieu d'un champ de gueulles sanglantes... Tu m'as trompé, Nysmi..... Mais si l'on peut oublier une femme que l'on a aimée avec tant d'amour, eh bien ! je t'oublierai..... ô Nysmi !

Sa voix prit alors un timbre si bas et si monotone, qu'on n'entendit plus aucune parole.

Pendant les derniers mots qu'il avait prononcés, la tenture de brocart couvrant la porte de la tourelle fut soulevée avec précaution ; un joli bras se dessina sous la large manche ouverte d'une mante noire; et une femme, ou plutôt un esprit, s'avança lentement dans la chambre. Voyant le jeune homme endormi, elle se débarrassa de son manteau de velours, et parut avec une longue robe d'une blancheur éclatante. Un épais voile cachait ses traits, elle le releva sur son front, d'où s'échappaient en longues boucles d'admirables flots de cheveux blonds; puis, l'inconnue se tourna vers la table où brûlait la lampe : elle s'en empara, et vint près du lit examiner les traits empreints de souffrance du pauvre orphelin. Elle fit entendre une plainte, et éteignit la lampe.

La lune donnait à plomb en face la fenêtre; elle inonda de ses rayons de lumière bleue et diaphane le petit appartement. La dame était debout, près du lit, considérant Stel, qui, les yeux hagards, appuyé sur son coude, cherchait à repousser de l'autre main comme l'apparition d'un rêve. L'expression du visage de l'inconnue annonçait la douleur. — C'était un tableau digne de la touche fine et délicieuse du Corrège. — Voyez-vous cette femme pâle, belle comme un ange qui souffre; ces yeux bleus dont les longues paupières ont peine à retenir des larmes, tout cela éclairé par la lune; voyez-vous la tête italienne de ce jeune Stelli, si effrayé, si tremblant; quelle peinture enchanteresse pour la pensée vaporeuse et romantique de Westall !....

Stelli recommença bientôt à exhaler des paroles douloureuses; mais cette fois un violent désespoir tourmentait ses esprits; il pleurait, il accusait Nysmi de toutes ses souffrances, il maudissait le jour où il était né. Le malheureux, il maudit sa mère !

La jeune dame tomba à genoux, elle lui saisit le bras avec véhémence, et, d'une voix assez forte, quoiqu'elle fût interrompue par des sanglots, elle s'écria :

— Stelli! Stelli! n'accusez pas votre destinée. Bien d'autres que vous passent leur vie dans le deuil et dans les larmes, Stelli! vous avez maudit Dieu!.....

Ici, la voix de la dame s'arrêta pour donner cours à sa douleur. Après quelques instans, elle ajouta :

— Stelli! vous avez maudit deux femmes malheureuses, peut-être. Votre mère... votre amante! Dieu seul, sans doute, sait ce qu'elles ont souffert, et quelle cause les éloigne de vous!

Ce n'était plus un rêve pour le jeune homme; ses esprits, frappés par les accens de cette voix harmonieuse, sortaient peu à peu, délivrés de leur délire cruel; il n'était pas encore entièrement éveillé; cependant, il écoutait.

Mais le bruit de la voix de l'inconnue avait été entendu par le vieux Rouvray; croyant que son fils chéri avait imploré du secours; il se jetait à bas de son lit pour le venir trouver; la dame devina sa pensée. Une écritoire se trouvait placée par hasard sur la petite table dont nous avons déjà parlé, elle traça ces quelques mots à la hâte :

— « Vous êtes injuste, Stelli ! Vous accusez cruellement ceux qui vous chérissent..... Résignez-vous, et espérez tout de l'avenir. Une nouvelle douleur vous menace. Armez-vous de courage; et, quoi qu'il arrive, ne maudissez personne ! »

Puis, l'inconnue revint auprès du malade; elle lui serra la main avec tendresse, et, s'enveloppant de sa mante noire, elle disparut sous la tenture de brocart.

Le bon seigneur vint aussitôt frapper à la porte de Stelli ; tout à coup la détonation d'une arquebusade, partie des remparts du châtel, ébranla les échos de la vallée et de la forêt; des chevaux s'éloignèrent précipitamment, et l'on n'entendit bientôt plus que la voix de Louis du Rouvray qui appelait son enfant en frappant à sa porte à coups redoublés. L'arme à feu réveilla Stel, il se leva effrayé, en désordre, et alla ouvrir à son vieux protecteur.

— Par la bataille de Coutras! tu n'es pas blessé, mon enfant. Voyons : il n'y a rien..... c'est étonnant; la sentinelle vient de lâcher son arquebusade, et si mes oreilles ne m'ont point trompé, on doit avoir riposté. Mais, de la manière dont tu parlais, j'ai cru que des malfaiteurs s'étaient introduits dans cette chambre.

— Que voulez-vous dire ? s'écria le jeune homme; je n'ai pas parlé, je ne me suis éveillé qu'en entendant vos cris pleins d'effroi.

— Tu n'as pas parlé, reprit le vieillard évidemment surpris de cette réponse : mais j'ai entendu une voix, des pas retentir sur le parquet; il y a quelque étrange mystère là-dessous que je veux éclaircir.

Comme il allait appeler ses valets, un grand bruit se fit entendre dans toutes les parties du château; l'arquebusade avait donné l'alarme, les habitans du manoir se croyant attaqués, accouraient en armes à la chambre du vieux baron prendre ses ordres. Rouvray fit venir le soldat de garde au-dessus du pont-levis, et lui demanda quelle cause l'avait déterminé à faire partir son arme à feu.

— J'ai vu, monseigneur, dit le manant avec crainte, comme un esprit noir et blanc qui marchait tout droit le long de la grande muraille de la tourelle qui est là derrière. Quand l'esprit a été dans le fossé, il a disparu en volant, car il lui fallait des ailes pour pouvoir gagner le bord de la forêt aussi vite qu'il y est arrivé. Alors, pour exécuter vos ordres, monseigneur, j'ai soufflé la mèche, j'ai fait un signe de croix, en cas que ce fût un mauvais esprit, puis j'ai mis le feu à la poudre, et tout a disparu.

— Ce doit être quelque malfaiteur, s'écria le sire du Rouvray qui ne partageait nullement les croyances superstitieuses de ses vassaux;

allons, Leroux, prends avec toi six gaillards vigoureux, montez des chevaux nus, pour être plus tôt prêts, et ramenez au château quiconque vous rencontrerez.

Les yeux du vieux gentilhomme s'arrêtèrent par hasard sur la table; il aperçut le papier sur lequel la dame inconnue avait écrit. Les caractères étaient encore mouillés.

— On est entré dans cette chambre, s'écria-t-il; on aurait pu assassiner mon enfant! George, Simon, Claude, suivez-moi!

Et tous, ils se précipitèrent dans la tourelle.

XIV

Un Bal chez le cardinal de Richelieu.

> ..... Craignant d'être arrêté, je brûlai alors plus de six mille lettres d'amour afin de ne point compromettre les belles dames qui m'avaient comblé de leurs douces faveurs... J'en avais trouvé peu de rebelles... La cour de cette époque surpassait en galanterie celle de François Ier.
> (*Mémoires du maréchal de Bassompierre.*)
>
> Ce petit fanfaron à l'œillade échappée
> Qui fait le grand auteur et n'est qu'un animal,
> Dit, qu'il taille sa plume avecque son épée
> Je ne m'étonne pas s'il en écrit si mal.
> Saint-Amant.

Notre histoire exige maintenant que nous abandonnions le vieillard pour nous transporter à Paris.

La prise de la Rochelle venait de porter la

gloire du cardinal à son apogée. Les îles de Rhé et d'Oléron s'étaient soumises au duc de Montmorency ; et, grâce à l'intervention de ce noble guerrier, un armistice général avait été signé en faveur des malheureux protestans. Richelieu, poursuivant sa politique de niveleur, faisait lancer un édit du Roi, qui ordonnait de démanteler les villes, places fortes, et châteaux, qui ne seraient pas frontières, sous le prétexte religieux d'arracher aux hérétiques tous moyens de résistance pour l'avenir, s'ils osaient encore lever la tête ; mais son but réel était de poursuivre sa mission sanglante, en neutralisant les forces partielles des grands seigneurs.

Jamais conquérant n'afficha plus d'orgueil que le cardinal après ce succès. Louis XIII le nomma commandeur général des armées de terre et de mer, puis il abolit la charge de connétable à la mort du vieux maréchal de Lesdiguières, de sorte qu'avec un monarque faible comme Louis, Richelieu se trouva Roi de fait. Alors, le peu de respect et de crainte qu'il conservait encore à Marie de Médicis s'évanouirent complétement; et, quoiqu'il ne se déclarât pas en face son ennemi, ses hostilités continuelles étaient une preuve vivante de ses plus secrètes pensées.

A l'égard de Gaston, il apportait plus de ménagemens dans les vexations humiliantes dont il l'accablait sans cesse; la volonté de Louis XIII couvrait tout. Ainsi, dans les premiers temps du siége de la Rochelle, le duc d'Orléans, à qui le commandement de l'armée avait été confié, remporta plusieurs avantages éclatans sur les ennemis. Richelieu en profita pour semer la jalousie dans le cœur du roi; il était important, lui avait-il dit, que Monsieur, son frère, ne devînt pas trop puissant; des succès pouvaient l'enorgueillir, le rendre redoutable. Le Roi, alarmé par ces insinuations perfides, souscrivit à toutes les volontés du premier ministre; Gaston fut privé de son commandement, dont Louis XIII investit le cardinal; et le frère du Roi, regardé comme suspect, dévorant sa colère, voilant sa honte sous une apparence de maladie, s'en vint conspirer à Paris, avec sa mère, au milieu d'un petit nombre de partisans dévoués.

Le cardinal, après avoir pris successivement Castres, Nîmes, Uzès, Montauban, toutes villes protestantes, s'occupait avec ardeur de la pacification de l'Italie. Sa pensée était d'abaisser la maison d'Autriche en envoyant des troupes au duc de Mantoue, contre Ferdinand II : une fois cette négociation terminée, il se promettait bien d'exercer sur la France un pouvoir absolu.

Les événemens allaient toujours, quand, pour étaler son faste et sa puissance, il donna une fête superbe, à laquelle il invita ses amis et ses ennemis.

Une affluence considérable se pressait déjà dans les salles et dans les galeries; les escaliers étaient couverts de dames, de seigneurs et de pages qui se hâtaient d'arriver superbement vêtus, afin de saluer les premiers l'astre nouveau brillant à l'horizon. Toute cette foule était *cardinaliste*. Les partisans de la Reine-mère et de Gaston d'Orléans mettaient moins d'empressement. Un grand nombre de dames n'avaient pas quitté leurs litières qui stationnaient dans les rues voisines, épiant l'instant de l'arrivée de Marie de Médicis, et de Monsieur, afin de faire sentir au cardinal que tout le monde ne se prosternait pas à ses pieds.

Une réunion, semblant privilégiée, faisait la conversation dans une salle de moyenne grandeur, située à l'angle des jardins, et d'où les regards découvraient ce qui se passait dans les autres salons. Ce pavillon attenait au cabinet du cardinal.

Parmi les dames, on remarquait la belle madame de Combalet, depuis duchesse d'Aiguillon, nièce de Richelieu, femme aussi artificieuse que méchante; tout près d'elle était madame de Fruges, mademoiselle d'Entragues et quelques autres dames de la cour.

Les cavaliers étaient, M. le marquis de Nesle, le duc de Bellegarde, MM. d'Alais, de Schomberg, de Vignoles et de Saint-Chaumont.

— Approchez-vous donc, marquis de Nesle, disait madame de Combalet, étalant avec impudeur à tous les yeux une gorge ravissante, je me laisse gagner par l'ennui, depuis une demi-heure que j'attends la vieille Reine, et ces figures sombres et farouches qui la suivent toujours.

— Toutes se sont donné le mot pour l'attendre, répliqua le jeune et beau marquis; il y a au moins cent litières dans la rue voisine.

—Et que d'amans gémissent! répliqua la marquise; quelle folie de mêler la politique à l'amour! A propos de cela, notre belle comtesse du Fargis a été rappelée en cour; mais, au lieu de ce fier gentilhomme anglais qu'elle avait harnaché de ses couleurs, elle a profané ses charmes à un vieux rustre qui figurerait beaucoup mieux dans les phénomènes difformes du docteur Ferralan, qu'à ses côtés quand elle va en carrosse.

— C'était pourtant un amour éternel que le sien, dit madame de Fruges, cette impudique femme qui rivalisait avec Marion de Lorme dans les nuits de débauche. Croiriez-vous, madame de Combalet, ajouta la comtesse, que ce grossier Ecossais a refusé un rendez-vous que je lui avais fait assigner?

— Cela n'a pas dû vous étonner beaucoup, ma chère Fruges, fit observer la d'Entragues avec ironie; il y avait pour vous un souvenir de certain gentilhomme allemand.

En effet, Bassompierre, qui était alors très aimé de mademoiselle d'Entragues, avait résisté aux avances de madame de Fruges.

— Eh bien! s'écria Bellegarde, allez-vous nous faire la moue pour une parole dite au hasard, chère comtesse! D'ailleurs, depuis ce temps, les plus beaux gentilshommes de la cour de France ne vous ont-ils pas vengée, par leur amour, des dédains d'un aventurier?

Il en est jusqu'à dix dont on cite les noms.

— En vérité, Bellegarde, vous êtes trop généreux, répliqua madame de Combalet à mi-voix. — Mais quelqu'un de vous, messieurs, sait-il quel est l'heureux mortel qui possède le cœur de la Reine?

— Quoi! dit de Nesle, est-ce Anne d'Autriche dont vous voulez parler!

— Non, de la reine Marie, de cette femme si renommée par sa beauté à la fin du dernier siècle ou vers le commencement de celui-ci, quand ma très honorée mère prit un époux. Ha! ha! ha!

— Oui, quand vous vîntes au monde, belle dame, reprit le sire de Nesle avec un ton doucereux.

— Vous me flattez, marquis, dit madame de Combalet; c'est vrai; j'étais petite fille quand la belle Marie de Florence fut mariée au grand Roi.

— Il y a bien trente ans de cela, fit observer le duc de Bellegarde avec une maligne bonhomie.

— C'était en 1598, ajouta Saint-Chaumont avec vivacité; trente-un ans, ma foi!

Madame de Combalet ne chercha point à réprimer son dépit.

— Vous êtes cruels avec vos dates, messieurs, reprit la comtesse de Saint-Paul, grande femme maigre de quarante ans, quoiqu'elle eût la prétention de n'en accuser que trente-deux, et qui ne cherchait qu'une occasion pour décocher son épigramme à madame de Combalet; nous n'aimons pas, nous autres femmes, qu'on nous sache avoir passé la trentaine, n'est-ce pas, ma belle marquise?

Madame de Combalet aurait rougi si elle eût eu vingt ans; elle se contenta de serrer ses lèvres minces, et de prendre cet air hautain qui caractérisait si bien sa parenté avec Richelieu.

— Ah! s'écria-t-elle tout à coup, voulant

effacer l'impression que sa vanité avait produite, j'aperçois dans le grand salon le vicomte d'Aulnay, ce vieux fat qui parle comme écrivent Desbarreaux, Malville et Lasphrise de Papillon : monsieur de Nesle, vous devriez bien nous l'amener; il nous divertira en attendant la danse du ballet et l'arrivée des reines et des princes.

Le marquis de Nesle sortit pour aller chercher le ridicule vicomte d'Aulnay.

— Il faut que je vous apprenne, mes toutes belles, reprit madame de Combalet, le bruit qui circule dans l'antichambre du cardinal. Vous savez que, depuis plusieurs mois, la Reine-mère fait de fréquens voyages à Blois et à Rambouillet : eh bien ! il paraît que tout cela n'était que des prétextes, car Marie de Médicis n'a paru qu'une fois à Rambouillet, et en est repartie immédiatement.

— Est-ce là tout le secret ? dit de Bellegarde en riant ; je gagerais mon épée contre une boucle de vos jolis cheveux, marquise, qu'elle est allée soudoyer un ou deux de ses gouvernemens contre le cardinal !

— Elle n'y songe plus, reprit madame de Combalet ; elle a trop d'esprit pour ne pas voir que sa puissance est passée. C'est tout simplement, messieurs, une intrigue amoureuse en Normandie avec un jeune cavalier.

— Mais elle approche de son demi-siècle, s'écria Saint-Chaumont en riant aux éclats.

— Vous n'êtes pas avare pour votre Reine, baron, dit madame de Saint-Paul.

— Deux ou trois années de moins peut-être tout au plus, madame....

— Au reste, ajouta la marquise de Combalet, madame de Saint-Paul doit savoir cela mieux que vous : je crois, comtesse, lui dit-elle d'une voix mielleuse, que vous avez été gouvernante d'un des enfans de France, et le moins âgé c'est madame Henriette d'Angleterre.... il y a quelque vingt années de cela, n'est-ce pas, comtesse ?

— Je ne sache pas qu'aucun homme ait jamais été si heureux que nous ne le sommes ce soir, dit Bellegarde. En vérité, mesdames, si les archives de vos paroisses sont dévorées par un incendie, nous pourrons servir de registres vivans et donner vos extraits de baptême.

L'arrivée du vicomte d'Aulnay vint mettre un terme aux hostilités dirigées contre les dames.

— Eh! bonjour, mes belles sœurs du pays de Cythère, s'écria-t-il en saluant les dames jusqu'à toucher le sol; jamais le séjour de volupté ne réunit sur les pelouses de ses forêts amiclées plus de gentilles bergères! Par le savant Apollon! mon joyeux maître, on se croirait ici dans l'Olympe!

— Je n'ai jamais entendu d'aussi belles paroles, repartit la marquise de Combalet; et vous, mesdames?

Il y eut un murmure d'approbation unanime pour le poète grand seigneur.

— Imaginez, belles dames, reprit-il, que, las de chercher une rime à mon sonnet sur deux cœurs enflammés, la fantaisie m'est venue d'aller voir Marion de Lorme. Il y avait là l'immortel Desbarreaux mon illustre ami, M. de Scudéry, Boisrobert, et maître Jean, une espèce de paysan de Normandie, qui nous a raconté un sonnet de sa façon, que je veux vous dire. Imaginez..... ha !..... il met en parallèle la lune avec la femme.

Et le suranné vicomte débita ces vers avec un accent comique digne des *Femmes savantes* de Molière :

> La lune et la femme légère
> Ne diffèrent pas de beaucoup.
> Si, prompte est l'une en sa carrière,
> L'autre a bientôt frappé son coup.
>
> Il est bien vrai qu'en contre-échange
> Ces deux ne se suivent toujours ;
> Car tous les mois la lune change,
> La femme change tous les jours.

— Par la bride de mon cheval ! s'écria Saint-Chaumont, voilà qui est galant comme un archer ivre !

— La bride de votre cheval ! repartit le grand et sec vicomte avec dédain ; dans notre monde de poésie, on jurerait par le ruisseau de mélancolie ou par la cascade de fureur. Voilà des expressions ; mais par la bride d'un cheval ! fi !.....

— Tâchons de lui faire raconter ses amours avec mademoiselle de l'Hosmond, dit à mi-voix madame de Combalet à Bellegarde.

—Eh bien ! d'Aulnay, s'écria le duc, vous serez donc normand jusqu'au bout ; ce poëme tant prôné sur vos amours immortels, n'éblouira donc jamais le monde !.....

— Par Sapho la Lesbienne ! repartit le vicomte, vous me faites injure ! J'attends le retour de Sarrasin, mon illustre compatriote, afin d'obtenir son suffrage pour mettre mes vers sous le soleil.

— Je sacrifierais dix amans pour en entendre un pareil nombre, dit madame de Combalet.

— Sans excepter son cher oncle le cardinal, ajouta madame de Fruges en se penchant vers la comtesse de Saint-Paul, qui applaudissait.

— Mettez-vous au milieu du salon, vicomte, et déployez votre voix sonore.

— Imaginez, belles dames.....

— Pas d'exorde prosaïque ; au fait.

— Imaginez.....

> Mon âme allait suivant les rives
> Du lac de Sensibilité,
> Déjà, des atteintes très vives
> Assiégeaient mon cœur enchanté.
> Lorque près du bois de Tendresse
> Ai rencontré l'enchanteresse
> Vénus qui descendait des cieux :
> En vain j'ai fui dans un lieu sombre,
> Car mon cœur, léger comme une ombre,
> S'est allé loger dans ses yeux.

— Oh! pour le coup, s'écria madame de Combalet, voilà qui est sublime ! *Ce cœur, léger comme une ombre, qui va se loger dans ses yeux.*

C'est admirable, vicomte! admirable!

— Le vieux Malherbe est détrôné, ajouta Bellegarde; heureux d'Aulnay!

— *Et l'âme qui suit les rives du lac de Sensibilité*, repartit madame de Fruges; Scudéry n'aurait jamais rien trouvé de pareil. C'est harmonieux comme les belles odes de Pindare, et spirituel comme celles d'Horace! Gombault en mourra de douleur; Voiture pâlira d'envie, et le vieux Chapelain vous dédiera un chant de sa *Pucelle*.

Le ridicule et orgueilleux poète gesticulait sur un fauteuil, savourant avec délices ces flatteries empoisonnées, et cherchant à les interrompre pour recommencer une seconde strophe.

Enfin, un sourire encourageant de madame de Combalet le força à réclamer le silence.

— Nous en étions, dit-il, aux yeux de la dame, et quels yeux! Imaginez:

Ses yeux bleus semblaient deux fontaines,
Sa bouche un gentil puits d'amour....
Sa taille de mouche....

L'entrée subite du cardinal vint l'arrêter au milieu de son récit, et la foule des dames et des seigneurs réprima les rires dont elle avait salué les vers du pauvre fou d'Aulnay.

Il profita de cette agitation pour aller s'emparer du poète Voiture, qui arrivait alors.

A peine Richelieu avait-il baisé la main de sa nièce, qu'on vit entrer dans le pavillon la comtesse de Miranio et Nysmi.

Dans les siècles passés, au milieu des carrousels, quand un beau chevalier entrait dans la lice, et qu'il en faisait faire le tour à son destrier avec plus de grâce que ses adversaires, un murmure de suffrages l'accueillait toujours; on le suivait avec intérêt, tous les regards, toutes les pensées étaient pour lui. —Tel il en fut des conviés du cardinal pour Nysmi, quand elle apparut.

Jamais aucune femme ne s'était montrée

avec plus d'éclat : elle était belle entre toutes, comme ces roses fraîches et embaumées qui viennent de s'épanouir au haut de l'arbuste, et qui semblent plus belles encore près de leurs sœurs, placées aux rameaux inférieurs que le soleil brûlant de la veille a commencé de flétrir.

Nysmi avait à peine dix-neuf ans; sa taille était svelte et élancée; ses cheveux, noirs et brillans, se séparaient en bandeaux sur son front pur, et venaient former une infinité de boucles sur ses épaules; ses yeux bleus avaient une vivacité espagnole, que relevait encore sa carnation blanche et toute française. Elle avait sur tous les traits ce type bourbonnien si remarquable et si beau, qu'on peut toujours admirer dans la famille des rois. Nous avons dit qu'elle était fille de Henry-le-Grand, et quiconque aurait été initié dans les secrets de sa mystérieuse naissance, en la voyant près de Louis XIII, de Gaston d'Orléans et de madame Henriette de France, n'aurait point hésité à reconnaître les liens qui les unissaient.

Richelieu alla avec empressement au-devant de madame de Miranio, et la reçut avec *cette politesse exquise qu'il savait prendre avec ceux qu'il voulait gagner* (1).

— Soyez la bien venue, belle comtesse, lui dit-il avec sa voix caressante; je remercie le ciel de vous avoir délivrée des maux qui vous retenaient en Espagne, puisque cela vous a engagé à revoir la France, et à emplir nos âmes de joie, en enrichissant la cour d'une étoile étincelante qui éclipsera ses rivales en éblouissant tous les yeux.

Le cardinal s'inclina devant Nysmi, qui rougissait d'entendre un compliment si extraordinaire; et, saisissant une de ses mains avec la grâce du plus aimable des chevaliers, il la porta à ses lèvres :

— Bel astre, reprit-il, car Richelieu employait partout son langage métaphorique si

---

(1) Paroles de Marie de Médicis.

souvent ridicule; bel astre, c'est alors que je voudrais avoir les lyres de Colletet et de Vincent Voiture réunies, pour que mes vers, en célébrant vos charmes, soient au-dessus de tous les poètes, comme vous êtes au-dessus de toutes les femmes, étant la plus belle entre les plus belles.

La pauvre Nysmi ne put que balbutier quelques paroles simples et naïves pour répondre à de si belles choses; après quoi, le cardinal, émerveillé de tant d'attraits, vint la présenter à la marquise de Combalet.

— Voici, ma chère nièce, une sœur digne de tous vos soins; vous vous chargerez de lui apprendre le beau langage de la cour; c'est un diamant qui n'est point encore terminé par la main du lapidaire; soyez le sien.....

La foule, qui se pressait dans le pavillon pour admirer la belle Espagnole, — c'est ainsi qu'on appelait Nysmi, — s'agita tout à coup en sens divers; Richelieu leva la tête; sa pâle figure devint plus pâle encore; un sourire indéfinissable vint errer sur ses lèvres minces : Louis XIII, Marie de Médicis et Gaston d'Orléans venaient d'être annoncés.

Richelieu sortit précipitamment du pavillon, et courut à l'escalier, où il reçut ses royaux hôtes avec une soumission apparente de manières, que démentait complétement son regard plein d'orgueil.

Comme le cardinal conduisait Louis XIII au trône qui lui avait été préparé, il se pencha vers lui avec mystère, et laissa tomber ces paroles :

— L'astre incomparable est trouvé, Sire. C'est la plus belle des filles de l'Estramadure; elle est ici.....

Marie de Médicis et Gaston, qui avaient des motifs pour ne pas laisser Richelieu maître de l'esprit du Roi, se hâtèrent de le venir interrompre ; le cardinal dévora le mécontentement que cette interruption apportait à ses pensées; puis, ayant salué ses nobles hôtes, il se retira.

Cent instrumens firent alors entendre une musique harmonieuse ; des sons ravissans s'échappaient en gammes langoureuses à travers les galeries, et venaient provoquer des désirs d'amour et de volupté jusqu'au fond des jardins du cardinal ; des danses nouvelles furent exécutées par les comédiens de son altesse, et une heure de la nuit vint avec la rapidité d'un jet lumineux.

Cependant, la fête continuait ; le plaisir, animant toutes ces femmes et ces cavaliers, ne laissait point arriver jusqu'à l'âme une pensée de raison qui engageât les conviés à quitter le palais. Tandis que les uns se pressaient, se refoulaient dans les salles et dans les galeries, d'autres cherchaient le repos, la joie ou le bonheur sous les massifs d'abres et dans les solitudes embaumées des jardins ; parmi ces derniers était madame du Fargis, et le vieux gentilhomme qui avait servi de risée à la petite cour de la marquise de Combalet. Ils arrivaient sous un dôme de feuillage qui abritait de ses rameaux une espèce de grotte à moitié couverte ; madame du Fargis se trouvant fatiguée, invita son cavalier à s'y asseoir.

— Eh bien ! lui dit-elle, n'avais-je pas raison ce matin ? Voyez, personne ne songe à vous ; tout le monde, excepté moi, vous croit mort. Le cardinal a passé trois fois près de nous, ne songeant qu'à se divertir aux dépens de votre figure grotesque. La belle marquise et madame de Fruges m'accusent de folie, cher Wordester.....

— C'est donc la folie de Brutus, repartit le chevalier anglais, car c'était lui qui s'était ainsi déguisé et fait passer pour mort, afin d'échapper à la vengeance du cardinal, et aussi pour ne point quitter la comtesse, qu'il aimait éperdument. — Je n'ai qu'un regret, ajouta-t-il ensuite, c'est de ne point avoir près de moi ce jeune cavalier si brave et si dévoué, et surtout, de ne pouvoir lui faire part de mon déguisement, tant je craindrais que les nombreux espions de Richelieu ne détroussassent mon courrier.

— Si j'écrivais au vieux Rouvray de venir à Paris, Stel le suivrait.

— Oui, cela peut être nécessaire. Dans une cause désespérée, un bras de plus fait souvent pencher la balance..... Les temps de crise approchent, ajouta Wordester d'une voix sombre, après quelques instans de silence; cependant, j'ai une amitié si forte pour ce jeune Stelli, que je ne voudrais pas l'engager dans notre périlleux complot.....

Comme il achevait ces paroles, la toux légère et bien connue du cardinal se fit entendre à quelque distance; une autre voix se mêlait à la sienne; bientôt on l'aperçut se glissant avec une femme dans l'allée couverte qui arrivait à la grotte; enfin, ils pénétrèrent dans l'intérieur.

Wordester et madame du Fargis n'étaient séparés d'eux que par une haie de feuillage; ils se disposaient à s'éloigner, quand le nom de Stelli, prononcé par une voix de femme, fit naître dans leur âme une curiosité inquiète. Le chevalier anglais mit le doigt sur la bouche de sa belle compagne et attendit avec une anxiété cruelle l'issue de cette conversation qui semblait menaçante pour son jeune ami.

— Allons, ma chère comtesse, disait Richelieu; maîtrisez votre émotion; la vie n'est pas toute de joie, je ne l'ignore pas, mais votre douleur vous entraîne trop loin.

— Croyez-vous, monseigneur, repartit madame de Miranio d'une voix qui annonçait que des pleurs coulaient de ses yeux, croyez-vous que je ne sache pas toute l'étendue du sacrifice que la nécessité me force à faire? C'est une honte! c'est un malheur qui retombera sur ma tête, si Dieu est équitable! Mais cependant il faut que ce que j'ai résolu s'accomplisse. Le fief des Miranio, qui date en Espagne depuis le bannissement des Maures, va passer en d'autres mains. Il me faut cinquante mille écus pour le racheter, — et je n'ai rien..... rien! Car cela coûte à dire à la fille d'un grand d'Espagne. Eh bien! ces atours précieux, cette parure étincelante, qui font envie à mes rivales; la robe de ma fille, oui, jusqu'à sa robe, j'ai emprunté tout cela!!... Il le fallait, pour la présenter à la cour..... pour vous séduire, monsieur de Richelieu! N'est-ce pas horrible à dire et à penser? car je suis sa mère! C'est moi qui l'ai mise au monde, et la misère me force à la déshonorer..... Ne m'interrompez pas, cardinal, peut-être changerais-je d'avis! Pourtant..... non, cela ne se peut; la comtesse de Miranio ne deviendra pas une mendiante. On ne peut pas oublier la noblesse de ses pères, quand on peut invoquer dix générations de grandeur et de gloire! O mon Dieu! mais il le faut..... Ecoutez-moi, cardinal; car, puisqu'une de mes mains est déjà souillée par l'infamie, il ne faut pas que l'autre reste pure. J'aurai le courage de stipuler le traité du déshonneur de Nysmi.....

Wordester serra étroitement la comtesse du

Fargis dans ses bras, elle était prête à s'évanouir en entendant ces horribles paroles.

Madame de Miranio continua :

— Il faut que demain je reçoive la somme demandée. Mais, ce n'est pas tout ; je ne veux point que vous puissiez abandonner ma fille le lendemain du crime... oui, le mot est bien, c'est un crime. N'importe ! — Nysmi sera votre maîtresse, mais parce que vous êtes M. de Richelieu. Vous avez entre vos mains la toute-puissance ; il faut que ma fille soit mariée, et mariée à un gentilhomme. Je ne vous demande pas une chose impossible, monseigneur. Henri IV a marié ainsi plus d'une de ses maîtresses ; me jurerez-vous cela, car, dans ma honteuse dégradation je n'oublie pas que je suis sa mère !

C'était épouvantable que d'entendre cette malheureuse femme, poussée par le désespoir et par les offres brillantes de Richelieu, discuter mot à mot, ce thème horrible.

— Eh bien, reprit-elle, accéderez-vous ?

songez que c'est une mère qui vous parle....
une comtesse d'Espagne, qui refuserait les
offres d'un Roi, si la misère ne la torturait
pas. — Je veux que ma fille porte le nom d'un
gentilhomme : je me croirai moins coupable ;
car si cet homme a de l'honneur, il vous in-
sultera! et si vous le faites succomber dans la
lutte, ma fille sera comme tant de nobles
veuves; et personne ne pourra plus lui reprocher un crime que j'irai ensevelir dans le couvent des Douleurs!...

— Allons, dit Richelieu avec une impatience
qu'il ne chercha point à réprimer, nous accé-
derons à ce caprice; vous choisirez d'un comte
ou d'un marquis.

— Et vous lui donnerez un apanage, cardinal, ajouta madame de Miranio évidemment satisfaite au fond de son âme ; car je
veux que mon enfant soit heureuse. Quant à
moi je ne vous demanderai rien, je ne vous
importunerai pas; j'irai m'enfermer à Gre-
nade vivant avec ce que mes persécuteurs me

laisseront, en implorant chaque jour la bonté du ciel pour l'absolution de mon crime...

Elle eut le courage de se signer en prononçant ces paroles.

— Demain, reprit madame de Miranio, je viendrai vous trouver; vous me remettrez un écrit dans lequel vous vous engagerez...

— Madame !...... s'écria le cardinal avec colère.

— Ce n'est point pour vous faire injure, monseigneur, repartit la comtesse, mais en cas d'oubli, il me faut une promesse... et une promesse qui puisse vous compromettre si vous parjuriez votre serment... mais vous ne le ferez pas, j'en suis persuadée ; vous savez trop bien les égards qu'on doit à une femme, et les excès redoutables auxquels se porterait une Espagnole dont l'affront serait aussi sanglant que le mien !

— Nous réfléchirons à cela, dit le cardinal avec embarras.

Plusieurs personnes s'approchaient de la

grotte; madame de Miranio se leva, et, le saisissant par le bras avec force, elle s'écria:

— Viendrai-je?

— Oui... à la nuit tombante : mais au Louvre.

— Pourquoi au Louvre?

— C'est ma volonté, madame! A la nuit tombante; pas un mot de plus.

— J'y serai!

Et ils se séparèrent.

— Oh! puissances du ciel, s'écria madame du Fargis avec douleur, laisserez-vous s'accomplir ce crime abominable?

— Quittons ce palais, reprit Wordester, je vais écrire à Stelli le danger qui menace sa fiancée.

Quand Richelieu reparut auprès du Roi, il le trouva rayonnant; sa physionomie ordinairement empreinte de souffrances, paraissait plus calme et plus heureuse; il annonça le désir de se retirer; et, après avoir remercié le cardinal de sa fête splendide, il lui offrit sa main à baiser en disant :

— Bonheur et prospérité à ceux qui nous donnent de la joie.

Puis il ajouta, en se baissant de manière à n'être entendu que de Richelieu :

— Vos éloges étaient indignes de tant de charmes ; je suis heureux, mon cher cardinal, je vais faire partir la cour pour Saint-Germain, et nous recevrons la belle fille d'Espagne à Paris.

— Oui, Sire, au Louvre.

— Soit, demain ; au Louvre.

XV

Deux Caractères.

Le Roi portait la honte, et l'esclave le sceptre !
(*Satire.*)
Illustre protecteur des plus illustres arts,
Sage et grand Richelieu que l'univers admire,
Toi, de qui le renom vole de toutes parts,
Et fais voler partout celui de cet empire...
Tu me verras aller où vont tous les guerriers.
(*Le grand* Scudéry.)
Cependant sa puissance a trouvé son écueil !
(Le sire de Malleville.)

Peu de jours avant la fête donnée par Richelieu, Louis XIII, absent de Paris depuis plusieurs semaines, était subitement revenu seul, laissant la cour à Fontainebleau. Il s'agissait d'affaires importantes relatives à l'Italie, et un simple message du cardinal avait suffi pour provoquer cette détermination inaccoutumée.

Chaque fois que Louis s'éloignait de sa capitale, les partisans de Marie de Médicis et de Gaston ne négligeaient rien pour jeter du discrédit sur son premier ministre. Parfois même, les pamphlétaires s'attaquaient à la majesté royale dans d'âpres écrits, qui rappelaient assez le *Courrier picard,* les *Dits de madame Concini,* et autres libelles fameux, commandés par Albert de Luynes contre la maison d'Ancre.

Il y en avait un entre autres qu'on se communiquait en tremblant, et qui, par cela seul, faisait fureur. Il était intitulé : *L'Impuissance éternelle en cette vie et dans l'autre du Roi Pentodibras régnant par la grâce du bourreau.* Des allusions sanglantes et souvent grossières le caractérisaient, et les habitudes du Roi y étaient décrites avec si peu de ménagement, que l'esprit le plus borné de son royaume, en entendant cette production infâme, aurait dit : Pentodibras, c'est le Roi Louis.

Un dîner magnifique avait été servi au Louvre pour un petit nombre de convives, qui tous étaient depuis long-temps dans l'intimité du Roi. Ainsi, on voyait là Bassompierre, Bellegarde, Saint-Chaumont, le duc de Guise, et quelques autres des plus aimables seigneurs de la cour.

Les joyeusetés de Bassompierre et de Bellegarde mirent Louis XIII en belle humeur; chaque bon mot était accueilli par un verre de vin capiteux; de sorte qu'à la fin du dîner, tant de bons mots avaient été dits, que le Roi, contre son habitude, avait le cerveau querelleur et peu facile à gouverner.

Ce fut alors que le cardinal de Richelieu, qui s'était dispensé d'assister au festin, sous le prétexte de maladie, entra dans l'appartement, et vint saluer le Roi. Quand il le vit dans cet état d'ivresse incertaine, ses yeux, naturellement éteints, s'animèrent comme ceux du vautour qui découvre une proie ; il se mêla peu à peu à la conversation, la fit arriver, par ses raisonnemens subtils, au point qu'il avait médité, et finit par s'en emparer entièrement. Les convives de la table royale commençant à sentir l'influence de leurs copieuses libations, et peu satisfaits de l'arrivée de Richelieu, s'inclinèrent devant Louis XIII et son ministre, en demandant la permission de se retirer.

— Allez, allez, mes nobles amis, s'écria le Roi, et que Dieu vous conduise..... jusqu'à notre antichambre.

Richelieu emmena son royal esclave dans un cabinet qu'il venait de quitter, où plusieurs tables étaient couvertes de papiers et de dépêches récemment apportées par lui.

— Mon cher cardinal, s'écria le Roi en se jetant dans un fauteuil, je ne sais trop pourquoi je me suis laissé entraîner par vous au milieu de ce déluge d'affaires; j'étais si heureux près de Bassompierre!..... Il vous dit les choses d'une façon si drôle, et à laquelle je suis si peu accoutumé, que, sur mon âme royale! je me sens la tentation de le rappeler, ainsi que mes bons gentilshommes.

— J'espère, Sire, repartit le cardinal, que votre esprit est disposé à la plaisanterie en disant de semblables paroles; la prospérité de la France doit tenir le premier rang dans votre cœur.

— C'est-à-dire, mon cher cardinal, reprit le Roi, que je prétends être heureux avant la France et mes sujets! Le peuple est fait pour songer lui-même à ses plaisirs ou à ses douleurs. Quant à la France, nous lui donnerons de la gloire..... Pour moi, je ne m'occuperai de rien aujourd'hui; je dors!

Il voulut prendre sur la table une pastille au miel, selon sa coutume. En levant la tête, il aperçut un petit recueil grossièrement imprimé. Entraîné par cet instinct indéfinissable, cette sorte d'affinité mystérieuse qui existe entre l'homme et le principe de tout, il s'assura que le cardinal ne pouvait découvrir sa curiosité, puis, saisissant l'écrit avec crainte et précaution, il lut :

— *L'Impuissance éternelle du Roi Pentodibras, etc.*

Sa main tourna un feuillet, puis un autre, et, chaque fois, elle se crispait avec violence; et ses traits avinés prenaient une expression de colère douloureuse. Richelieu, qui semblait occupé à écrire, ne perdait pas un seul geste, une seule agitation; il souriait. Son âme arrivait joyeuse jusqu'à ses lèvres. Enfin, Louis XIII ne put se contraindre davantage; il céda à la violence qui le torturait :

— Par la croix du Christ ! s'écria-t-il avec fureur, voilà un pamphlet abominable ! C'est une honte pour la France et pour notre personne royale !... Impuissant ! et gouverné par un ministre !..... Non, non, je suis seul le maître !..... je suis Roi de France !..... Par la

Vierge ! on veut me forcer à devenir sanguinaire !

— Qu'avez-vous donc, Sire? demanda Richelieu en venant à lui, et faisant le simulacre de vouloir lui retirer le libelle.

— Laissez-moi cet écrit injurieux, repartit le Roi ; je le veux garder. — C'est un présent de la cour d'Autriche ; eh bien ! nous y répondrons !

— Mais, Sire.....

— C'est horrible, monsieur le cardinal ! — Traiter ainsi le Roi de France ! — Impuissant !... Mais je m'abaisserai jusqu'à descendre à me laver de cet affront. Oui, mes nobles sujets, je le ferai ! A partir de ce jour, je veux imiter mes pères ; un roi ne peut paraître grand aux yeux de la nation, s'il n'est licencieux ; eh bien ! je veux une maîtresse ; entendez-vous, Richelieu, il me faut une maîtresse ! ! !

La pensée du cardinal, en mettant le libelle aux mains du Roi, s'était complétement égarée dans ses prévisions.—Richelieu voulait par-là porter le dernier coup à Marie de Médicis et à Gaston d'Orléans ; et, quelques efforts qu'il fît, Louis XIII s'opiniâtra toujours à ne voir dans cette sanglante injure que le doigt calomniateur de l'Autriche.

Le cardinal, mécontent de sa défaite, fit vibrer une autre corde, afin de regagner quelques-uns de ses avantages de toutes les heures ; Et, déployant alors sa politique ténébreuse, hardie, épouvantable dans l'ombre, parfois menaçante et parfois timide au grand jour, il força le pauvre roi à s'humilier devant une puissance si supérieure.

Incertain, craintif, insouciant, puis emporté, colère, audacieux, irrésolu, tel était le caractère de Louis XIII.

Ennuyé, fatigué, il dit à son ministre :
— Je ne vois pas trop quels succès la France retirera de cette guerre d'Italie ; je ne comprends plus rien à vos négociations indéfinis-

sables; mais puisque cela vous plaît, cardinal, achevez l'œuvre : pour moi, je dors....

En effet, il ferma les yeux, et murmura lentement plusieurs fois en cédant au sommeil :

— Je veux une maîtresse.... une maîtresse.

— Oui, oui, dit Richelieu, en le considérant avec mépris pendant son repos. Dors, fantôme couronné, dors !... J'irai moi-même au-devant de tes volontés ; car non seulement tu auras une maîtresse qui sera ma créature, mais aussi tu auras un maître, et ce maître, ce sera le cardinal de Richelieu ! Quand une fois ma politique effrayante aura fait trembler l'Espagne et l'Autriche, quand cette Italie aura relevé la tête sous ses princes légitimes, oh! alors que ma mission sera belle ! quelle moisson de gloire et de puissance ! Va, pauvre roi, c'est en vain que tu m'opposeras quelque résistance ; c'est en vain que ton orgueilleuse mère et Gaston d'Orléans se réuniront autour de toi : j'étreindrai tout dans mes bras vigoureux ; — la force de l'athlète redouble quand il se mesure avec de nombreux adversaires ; — et, semblable à l'athlète, si mon triomphe est sanglant, ma robe rouge le voilera comme une épaisse nuée d'ombre.

— Quelle tâche que la mienne! ajouta-t-il après une pause silencieuse. Je serai le maître; je serai le sceptre de la royauté; je serai gardien et défenseur du trône; je gagnerai des batailles; je gouvernerai les grands et le peuple; je ferai des lois; les armées n'agiront que par mes ordres; je serai le pivot sur lequel tourneront les destinées de la France.... et je ne serai pas roi!!! c'est.... c'est.... horrible à penser! tenir le sceptre et ne point s'en servir pour frapper.... relever la couronne qui tombe et ne pas la poser sur sa tête!!...

En ce moment, Louis XIII poussa une exclamation farouche qui fit frissonner Richelieu; elle était échappée à sa colère dans un rêve terrible : sa tête retomba lourdement, et l'on n'entendit plus que sa respiration pénible et sifflante, provoquée par l'ivresse.

— Quelles terreurs ! pensa le cardinal ; et, quand je songe à l'impuissance qui me les cloue dans l'âme, la pensée de l'affranchissement surgit aussitôt. Depuis quinze ans, ma vie s'use à river les lourds anneaux de cette chaîne qui les écraserait tous.... Quand donc la laisserai-je tomber?... L'homme ne consent qu'avec peine à donner la gloire et le labeur de son travail à un être nul qui n'a que le droit de maître à invoquer. C'est une injustice de la loi humaine. — Ainsi du peuple à l'égard des seigneurs. Mais je vous abaisserai tous, nobles ducs, avec vos fleurons héréditaires, vous comtes et marquis, avec vos couronnes, et vos insolens gonfanons; et vous aussi, grands barons, qui vous enorgueillissez encore des luttes de châteaux soutenues par vos ancêtres, prenez garde ! car ma main, puissante comme la foudre du ciel, ira toucher les fondemens de vos murailles crénelées, et votre race disparaissant avec elles ne laissera plus, dans les temps à venir, qu'un triste et effrayant souvenir que la force de mon nom effacera !

— Oui, je continuerai la terrible mission commencée par Enguerrand de Marigny et poursuivie par Louis XI. Pourquoi le peuple est-il votre esclave, Messieurs? N'êtes-vous pas tous sortis du peuple? Vous, nobles ducs de Montmorency, orgueilleux barons chrétiens, quel est le chef de votre famille? un Burchard, un archer (1)! Et vous, ducs de Luynes, dont

---

(1) L'origine de la noble et puissante famille de Montmorency n'a jamais pu être complétement établie par les historiens qui ont écrit ses fastes. André Duchesne, ce célèbre généalogiste, la fait descendre de Bouchard, grand baron de l'empereur Lothaire, vers l'an 954. Cela s'accorde assez avec le récit de Eudes, moine de l'abbaye de Saint-Maur-les-Fossés, qui vivait dans le 11ᵉ siècle, et qui parle d'un Burck-Hardt, comte de Melun et de Corbeil, fils de Foulques le Bon, comte d'Anjou. — 938 à 958.

Le fameux cosmographe, Paul Mérula, veut que les Montmorency descendent d'un chevalier Lisbius, *leude* de Chilpéric. Robert Cénalis, évêque d'Avranches, dément Mérula, et assure que le premier était un grand baron nommé Lisoie; et il écrit que quand Clovis, le roi chrétien, reçut le baptême à Reims par saint Remy, en 499, Lisoie fut le premier des seigneurs qui se jeta dans la cuve après lui. D'autres généalogistes ont commencé par un certain Évrard. Il est à remarquer que André Duchesne, le moine Eudes,

l'aïeul était artisan ou pêcheur, et le père, *Honoré Albert,* un pauvre soldat, trop pauvre pour vous couvrir d'un manteau, vous irez, dans un ou deux siècles, étaler dix-sept générations de parchemins ! et vous mépriserez le sang du peuple qui vous a rendus forts (1) !

Mérula et tous les autres étaient aux gages des Montmorency, ce qui empêcha de découvrir l'arbre originel.

Mais un des moines anonymes du temps de Charlemagne, publiés par Lambecius, dit qu'un Burchard, sorte d'*archer* ou d'*homme d'armes*, cruel, mais brave guerrier, se battit contre un comte et s'empara de son château. — André Favyn, en sa vieille histoire de Navarre, raconte qu'un rude soldat batailleur, du nom de Bouchard ou Burchard, faisait la guerre en Flandre ; il montra tant de courage qu'on le sortit de son obscurité en le nommant prévôt (le texte dit *præfectus*), d'une bourgade de Flandre. Pepin-le-Gros, voulant se l'attacher, le fit comte de Harlebetze. Voilà, je crois, la tige de la fameuse maison de Montmorency qui a rendu de si grands services à la France ; et, certes, la noblesse de ce soldat Burchard était aussi glorieuse, puisqu'il l'avait acquise à la pointe de son glaive, que celle du grand connétable de Charles IX, qui comptait vingt générations de parchemins dans son chartrier !...

(1) Les nobiliaires, les livres de blason commencent tous la généalogie à Albert de Luynes, fauconnier, le premier noble, en effet, de sa maison. Le cardinal de Richelieu, dans un instant de raillerie amère, a écrit la généalogie de Luynes... jusqu'à son illustre mère, dit-il, qui apporta au pauvre Honoré Albert un petit titre et une seigneurie plus légère encore ; celle de Luynes.

En 1624, il parut à Amsterdam, chez les libraires associés, un petit volume intitulé : *Les Malencontres du grand Luynes.*

— Vous, puissans Montgommery, famille de souverains, si je remontais plus haut que la bataille d'Hastings, où un de vos aïeux combattit glorieusement, que trouverais-je? de pauvres et honnêtes vavasseurs, habitant un simple manoir et payant redevance à une abbaye normande (1).

L'auteur dévoilait toutes les injustices du connétable, et disait que son aïeul, Honoré Albert, avait été pêcheur. Les Albert habitaient une maisonnette dans la Provence; et, si le publiciste les calomnie sur leur origine, il n'en était pas moins dans un état voisin de l'indigence. V. les Mémoires de Richelieu.

Brantes, le frère de Luynes, que nous avons vu si malheureux, devint le chef de la seconde tige des ducs de Luxembourg.

De Brantes, placé à la cour de Louis XIII, servit avec beaucoup d'adresse et de zèle son frère aîné. A la chute du maréchal d'Ancre, il reçut 600,000 écus. Il fut ensuite élevé successivement aux plus grands honneurs, et enfin, ayant obtenu, en 1620, la main de Charlotte de Luxembourg, fille unique du duc Henri de Pinei Luxembourg (branche éteinte en 1608), il prit le nom et les armes de cette famille, et se fit concéder, par Louis XIII, le titre de duc et pair.

(1) Les Montgommery datent de Pepin et de Charlemagne. Ils furent comte d'Hyesmes, petite bourgade à deux lieues d'Argentan. Plus tard, ils devinrent très puissans; ils formèrent successivement des alliances avec les rois d'Irlande, avec les Plantagenet, ducs suzerains d'Anjou et de Normandie, et la fameuse branche de Ponthieu.

Le premier Montgommery, dont parlent les chartes latines, était vassal d'une abbaye; il eut plusieurs fils. L'un d'eux, homme de la plus haute capacité, fut évêque de Séez, son plus jeune frère, devint abbé du monastère d'Ouche.

Et vous êtes tous orgueilleux comme s'il coulait dans vos veines du sang des quarante Ptolémées ! mais je le ferai figer à sa source votre sang noble ! je vous ferai payer cher vos injures ; car je sais que vous avez dit en arrière qu'un du Plessis ne pouvait pas aller chercher d'ancêtres au-delà du champ de bataille de Moncontour (1).

— Eh bien ! si Dieu me prête vie, je nivellerai tout : à quiconque sera brave ou aura du génie, je donnerai des écussons armoriés ; je réformerai les castes ; je veux que les peuples à venir bénissent le nom de Richelieu ; car — la vénération du peuple traverse les siècles, quand cette vénération se transmet par un

---

(1) Le père du cardinal montra une grande valeur à la bataille de Moncontour. Il fut chargé de plusieurs missions importantes sous Henri III, qui le fit chevalier de ses ordres. Henri IV sut aussi apprécier sa bravoure. Du Plessis venait d'être nommé capitaine des gardes lorsqu'il mourut au siége de Paris, en 1590. Il était d'une petite noblesse, et quand Richelieu devint évêque de Luçon, on fit mille difficultés pour le nommer, malgré son mérite, attendu sa venue de bas lieu.

grand souvenir; — il faut que le peuple puisse lever la tête, — qu'il soit libre....

Ici le cardinal s'arrêta. Pendant un quart d'heure il demeura silencieux, immobile comme une statue; puis après, il laissa lentement tomber ces paroles qu'il semblait peser toutes, tant il les prononçait avec une réflexion profonde :

— Libre! répéta-t-il; non, le peuple ne doit pas jouir d'une liberté illimitée.... Le peuple qui n'a plus de frein, c'est un volcan éteint qu'une gerbe de flamme rallume, qui s'évase et devient plus furieux....

—C'est comme ces premiers jets électriques, précurseurs assurés d'un effrayant orage. Je n'ai point oublié l'histoire du peuple de l'ancienne Rome.... sa puissance dévastatrice dévorerait tout.... mais il faut accueillir les esprits supérieurs qui sortiront de sa race; car s'ils employaient leurs lumières à éclairer les masses, la volonté des rois deviendrait aussi impuissante que l'est celle de cette tête couronnée, de cet homme qui dort là, sachant que je veille pour lui !...

Le cardinal, après avoir ainsi révélé toutes les pensées de son âme, se remit au travail, et la nuit était fort avancée quand il quitta Louis XIII.

Il n'oublia pas que le désir de son maître lui facilitait les moyens de le tenir plus fortement en tutelle que par le passé. — Rien ne semble déshonorant en politique. — Alors, comme il savait la position précaire et embarrassée de madame de Miranio, sans que celle-ci le soupçonnât, il fit en son nom à lui, et avec le plus grand secret, des propositions qui déterminèrent la comtesse espagnole à rappeler Nysmi de Normandie, comme on l'a vu dans un chapitre antérieur.

Richelieu regagna son palais, l'âme toute joyeuse; l'honneur d'une pauvre jeune fille allait servir à consolider sa fortune !

FIN DU PREMIER VOLUME.

TABLE DU PREMIER VOLUME.

LIVRE PREMIER.

Chapitre	I. 14 Mai 1610.	13
—	II. Le Convoi de Henri IV	35
—	III. Les Intrigues de Courtisans.	55
—	IV. Une Reine, une Favorite et un Astrologue.	79
—	V. Les Carrousels de la place Royale. . .	119
—	VI. Le Favori.	127
—	VII. Le Délateur.	153
—	VIII. L'Emeute et la Séance du Parlement. .	173
—	IX. Les grands Evénemens	203
—	X. L'Exil.	217

LIVRE DEUXIÈME.

—	XI. Blois	241
—	XII. Une Nuit d'Orage	251
—	XIII. L'Esprit mystérieux	281
—	XIV. Un Bal chez le cardinal de Richelieu. .	309
—	XV. Deux Caractères	341

FIN DE LA TABLE.

ERRATA DU PREMIER VOLUME.

Page 37, lig. 2, au lieu de : *en face le bénitier*, lisez : *en face du bénitier*.

Page 80, lig. 12, au lieu de : *fleur de lis*, lisez : *fleurs-de-lis*.

Page 91, lig. 17, au lieu de : *infirme*, lisez : *infime*.

Page 96, lig. 11, au lieu de *Périphélie*, lisez : *Périhélie*.

Page 120, lig. 20, au lieu de *en face la lice*, lisez : *en face de la lice*.

Page 129, lig. 19, au lieu de : *aucunes chances*, lisez : *aucune chance*.

Page 218, lig. 21, au lieu de : *ce fameux Louis de Rouvray*, lisez : *ce fameux Louis du Rouvray de Cantilly*.

Page 219, lig. 1, au lieu de : *l'an 1421*, lisez : 1423.

Page 354 (dans la note, lig. 4), au lieu de : *était*, lisez : *n'en étaient*.

Publications récentes :

MON AMI NORBERT, par M. *Mortonval*, auteur du Capucin du Marais, etc.; 1 vol. in-8, orné d'une gravure, par *Fauchery*, d'après *Jules David*.   7 fr. 50 c.
Le même, 2ᵉ *édition*; 3 vol. in-12.   8 fr.

LE MUTILÉ, par M. *X.-B. Saintine*. 4ᵉ *édition*; 1 vol. in-8, orné d'une vignette.   6 fr.

LE CHEVALIER DE SAINT-PONS, par M. *Théod. Muret*, 2ᵉ *édition*; 2 vol. in-8, ornés de vignettes de *Jules David*.   15 fr.

LE BRASSEUR ROI (chronique flamande du 14ᵉ siècle), par le vicomte d'*Arlincourt*, 4ᵉ *édition*; 2 vol. in-8, ornés de vignettes de *Jules David*, gravées par *Lacoste* frères.   15 fr.
Le même, *cinquième édition*; 4 vol. in-12.   10 fr.

AVENTURES D'UN MARIN DE LA GARDE IMPÉRIALE, prisonnier de guerre en Russie, par *Henri Ducor*. 2ᵉ *édition*; 2 vol. in-8, ornés de gravures.   13 fr.

THADEUS LE RESSUSCITÉ, par *Michel Masson* et *Aug. Luchet*. 3ᵉ *édition*, ornée de vignettes de *Jules David*. 2 vol. in-8.   15 fr.

LE CAPUCIN DU MARAIS (histoire de 1750), par M. *Mortonval*, 2ᵉ *édition*; 4 vol. in-12.   14 fr.

LE VAGABOND (histoire contemporaine), 2ᵉ *édition*, par M. *Merville*. 4 vol. in-12.   8 fr.

LE BARON DE L'EMPIRE, par M. *Merville*. 2ᵉ *édition*; 5 vol. in-12.   15 fr.

LE PROCUREUR IMPÉRIAL, par M. *Merville*, 2ᵉ *édition*; 2 vol. in-8.   15 fr.

PRÉCIS DES DERNIERS ÉVÉNEMENS DE SAVOIE, par le général *Ramorino*, brochure in-8.   1 fr. 50 c.

IMPRIMERIE DE MADAME Vᵉ POUSSIN, RUE MIGNON, 2, F. S.-G.

www.ingramcontent.com/pod-product-compliance
Lightning Source LLC
Chambersburg PA
CBHW050540170426
43201CB00011B/1508